向こうの山を仰ぎ見て

自主公開授業発表会への道

阪部 保

〈本書に登場する主な人名、文中に出てくる教材・教具名等について〉

向山洋一　長く都内で小学校教論をつとめ、現在はＴＯＳＳ代表。ＴＯＳＳランド主宰。日本教育技術学会会長。「教室ツーウェイ」編集長。『授業の腕をあげる法則』『教師修業十年』（ともに明治図書）他多数。

ＴＯＳＳ　日本教育界のすぐれた教育技術・方法を共有財産にという「教育技術法則化運動」から発展した。「授業の腕を上げ、できない子をできるようにする」志を持つ教師集団および活動をさす。ＴＯＳＳはTeacher's Organization Of Skill Sharingの頭文字をとったもの。授業の腕をあげるシステムに、「授業技量検定」があり、39級から8段までのランキングがある。また、「学力保障・熱中する授業につながる」教材・教具を次々と世に送り出している。例えば、次のようなものがある。「五色百人一首」「うつしまるくん」「鉄棒くるりんベルト〈逆上がり補助具〉」「輪郭漢字カード」「暗唱詩文集」（以上発売元　東京教育技術研究所）、「あかねこ漢字スキル」「あかねこ計算スキル」「あかねこ暗唱・直写スキル」（以上発売元　光村教育図書）、「話す・聞くスキル」（発売元　正進社）。

子どもたちとの出会いの重要性を強調するのに「黄金の三日間」という表現をする。ことに一学期の出会いを大切にする。１時間の授業における「授業の始まり15秒」というのも同じ考え。

ＴＯＳＳランド　各教科の指導法を掲載したサイト。平成23（２０１１）年10月、アクセス件数が１億件を突破した。

斎藤喜博　昭和を代表する教育者。群馬県島小学校校長。『授業入門』『授業』（ともに国土社）等多数。

吉永順一　熊本県海浦小学校元校長。『必達目標で学力保証のシステムをつくろう』（明治図書）等多数。

根本正雄　千葉県高浜第一小学校元校長。『わかるできる「根本体育」の基礎基本』（明治図書）等多数。

本書作成協力者　谷　和樹　玉川大学教職大学院准教授　教授学

松藤　司　皇學館大学非常勤講師　伝統文化論

はじめに

子どもの教育は菊を作るような方法でしてはならない

授業の原則（技能編）八ヶ条のうちの第一条である。

向山洋一先生は、江戸中期の学者細井平洲の言葉を借りて参加者に語ってくださった。

「子どもを育てる」というのは、「菊好きの菊作り」ではいけない。見事な花をさかせたいために、多くの枝をもぎとり数多《あまた》のつぼみを摘《つ》みすて、のびる勢いをちぢめたりすべきではない。百姓が一本一本の野菜を大切に育てるように、大小不揃いであっても、それぞれ大事に一株一株を大切に育てるようにすべきなのである。

第2回「教育技術二十代講座」青山会館での出来事だった。

あれから26年が経った。今にして思うのは、向山先生は、私を、だれでもない私を、一本一本の野菜を大切に育てるように、大小不揃いであっても大切に育ててくださった、ということだ。力のない、しかし、食らいついていく意欲だけはしっかり持っている私を、あの圧倒的な笑顔で見ていてくださった。

校長になってからも、常に仰ぎ見るのは向こうの山、遥かに高く聳え立つ山、向山をめざして歩んできた。

「向山洋一先生ならどんな学校づくりをされるのだろう」

「向山洋一先生が校長だったら、どんな学校になるのだろうか」

「さらにすばらしい学校にしたいなあ」

理想の学校の姿を、正月の夢などとして、何度も表出してきた。その実現に向けて思いをめぐらせるのは、それは楽しいものだった。

わたしの夢は、自主公開授業発表会をすること。そこに向山洋一先生に来ていただくこと。授業を見ていただいて、忌憚《きたん》のないところを聞かせていただきたいこと。先生方に本物の教育、本物の教育者、本物の授業を見せること。そして、本物の「授業者」を目指す志士になってもらいたいこと。ひいては、子どもたちに楽しい授業を行うような学校になってもらいたいことだ。

一言で言えば、『自主公開授業を中心とした学校づくり』である。

こんな夢は、校長だから見ることができる。

校長なればこそである。

教頭ではそうもいかない。

教育委員長では無理だ。

教育長でも無理だ。

教務主任でも駄目だ。

斎藤喜博氏の島小にあこがれ、向山洋一先生の調布大塚小学校に惹かれ、新潟の大森修校長の言説に惹かれ、野口芳宏校長の学校づくり、舘野健三校長の学校づくり、根本正雄校長の学校づくりに続きたいと思った。魅力あるこれらの方々に共通なのは、公開授業を全国に発信されたことだ。

「あんな学校」という理想の学校を語る時の、高い峰に「自主公開授業」を据えた。

子どもたちのための「授業を中心とした学校づくり」、そのための思いを毎年毎年先生方にぶつけた。

他の先生が出された印刷物も綴じていくと、Ｂ５の大きさで約10センチメートルの厚さになった。

1年間にこれだけの分量を出し続けた。

はじめに

これは、向山洋一先生を追いかけ追いかけ、向山先生の学校づくりを仮想しながら、高い峰に設定した自主公開授業発表会に漕ぎつけた記録である。

楽しいタタカイの記録でもある。

> ここで言う「自主公開授業」は自らが授業力をつけんがため超一流の授業者に身をさらし、教えを請いたいと願う教師のための舞台のことを指す。

目次

第六章　夢のあとさき　155

コラム

※ＴＯＳＳ関連の方以外は仮名にしています。

簡単な自己紹介

阪部 保（さかべ たもつ）

天理市立山の辺小学校長を4年間つとめ、37年間の教師生活を終え、平成23年3月31日をもって退職した。26年前の1985年、教育技術法則化運動に出会い、ひとときも離れることなく、向山先生の勝手連をつくった。26年前所属する「法則化飛火野サークル」の紹介文で「おっちょこちょいこそが新しい文化をつくる」と書いた。我こそおっちょこちょいと自認している。かつて奈良県で初めて「極真会館芦原道場」を始めた。四国の新居信正先生の追っかけだった。第1回五色百人一首奈良大会の事務局長だった。奈良で初めての法則化サークルを始めた。長続きしない性格の持ち主である。が、しかし、TOSSだけは生涯にわたって食らいついていく。そのしつこさだけは我ながら偉いものだと思う。楽しいからである。仲間がいるからである。そんないい加減な私は授業技量の低いまま、校長になった。技量検定25級。欠点だらけの校長はしかし、自分の欠点はよくわかっているつもりだった。「日に3回各教室を見回る」を目標に、教室からは離れずに、授業を中心とした学校づくりをめざした。そしてこの「授業」の上に「自主公開」を付けるのを目標にした。

第一章

向山支持宣言文を出す

ようやく校長赴任２年目終盤、
意を決して宣言する。
「この人を見よ」

「自主公開授業を中心にした学校づくり」を目指していたが、その前に立ちはだかる最初にして最大の敵は自分自身だった。自分自身の弱さ、自分自身の不甲斐なさ、嫌われやしないかというおびえに立ち向かう勇気を奮い起こすことへのためらいだった。

向山先生を支持していること、TOSSを支持していることを、いつどのように先生方に伝えるのか。迷っていた。

山の辺小学校に校長として赴任した1年目には宣言できなかった。

熊本の元TOSS校長吉永順一先生にお越しいただいたけれど、公的に明確には発言していない。

赴任2年目の終わり3月11日に、ようやくようやく公的に宣言した。

いつものように、4Bの鉛筆でB4の紙にカリカリと書いて配布した。

次の文がそれである。自主公開授業発表会の2年前のことである。

連絡など　　　平成21年3月11日（阪部）

「向山洋一」という名は「要注意人物」として登場してくることが間間あるので控えていた。丹波市小学校でも3年間で、公的には2回だけ使った。

アレルギーが生じてしまうと、受け入れていただけないので慎重にしてきた。

『とび箱は誰でも跳ばせられる』という題名からして、拒絶反応が予想される。

しかし、違うんだ。次の箇所をすっとばしているからそうなるのだ。

あるクラスでたのまれて行った時だった。

一人の男の子が助走のリズムがとれないのである。

踏み切り板に両足をそろえるまでの助走ができないのだ。

ぼくは、その子と、何度も何度も一緒に走った。（中略）

ぼくの力のすべてを出して、それでもできなかった時、考えつくすべてのことをやってみることだと思っていた。医者が難病で正体不明の病気の人に、時として何種類もの薬を与えるようにである。ぼくの姪は、全身の痛みを訴え、血液のガンらしいと言われながら、七種類もの薬を飲まされて、直ったことがある。患者を目の前にした医者は、手をこまねいていては駄目なのである。とにもかくにも、治療活動をしなければいけないのだ。

教師もそれと同じだと思う。できない子を前にして自分の力が及ばなかった時、それでもなお、とにもかくにも教育活動をしなければいけないのだと思う。

走ることさえ満足にできない男の子を前にして、ぼくはあれこれと瞬時に思いをめぐらした。

ぼくは床にはって、馬になった。ぼくをとばせてみた。頭や腕にぶつけられ、いたかった。

何でこんなことまでする必要があるのかという想いが頭をかすめた。ぼくだって、やっぱりかっこうよくしていたいのである。指をふまれ、けとばされているうちにとべるようになった。

再びとび箱に向かわせたが、駄目だった。


『教師修業十年』向山洋一、明治図書（以下同様）

苦闘の部分をすっとばして読んじゃうから拒否反応が起こるのだと思う。

「天井裏から音がかえった―登校拒否―」のところには次のような記述が続く。
切れ切れに抜き書きしてみる。

☆そんな折「向山先生が受け持っているから登校拒否をしているのよ」と言っていたという同僚の話を人伝てに聞いた。淋しかったが耐えるほかはなかった。

☆今度はいた。腕をつかんで離さなかった。

「どうして学校へ来ないんだ？　先生がきらいか」と聞いた。

「ううん」友だちがいやなのでも、勉強がいやなのでもなかった。本人にも理由がわからないのだった。話しこんでいるうちに、ぼくはなぜか涙が出てきた。その子も神妙な顔で、ボロボロ泣きながら話していた。

「明日から必ず行きます」と、その子はきっとした顔で言った。

「そうか、そうか、楽しみにしているぞ。信じているぞ」と彼に言った。

喜びがこみあげてきた。

今までの苦労もすっと消えていった。

その日一日、浮き浮きとすごした。

ビールがいつになくうまかった。

次の日が待たれてならなかった。

そして次の日、彼はやっぱり来なかった。

あれほど、涙ながらに行くと言った子が来ないなんて、とても信じられなかった。それは裏切られたというようなものではなかった。とんでいって、とっつかまえて、思いっきり殴りとばしたかった。
☆弟が縁の下をさがしてくれたがいなかった。何で俺はこんなことをしなくてはいけないのかと思った。手を抜こうかという想いがよぎった。
自分がみじめであった。

ぼくにとって、みじめさというのは耐えがたいほどの苦痛であった。

こうしたみじめな想いを彼と分かちあっているのだと理性は訴えたが、心の奥底では受け入れられなかった。

自分の心が傷つけられ血がふきだしていた（いやな表現だが、そのように感じた）。
☆次の日も、次の日も居なかった。「天井にかくれているよ」と弟が教えてくれた。天井に向かって声をかけた。何もかえってこなかった。
ただ一人声をかけているうちに、不覚にもこみ上げてきた。〈もうこれでいいじゃないか？　やるだけやったんだ〉という声が、心の中で増幅していた。

〈あきらめるわけじゃない。しばらく様子を見ることにしたらいいんじゃないか〉という想いが湧いてきた。

自分の心の中で合理化するための、逃げるための考えが、次から次へと湧いてきた。

淋しく、みじめな想いだった。

誰一人いない他人の部屋で、庭で、何の音もしない天井や縁の下にただただ声をかけている毎日だった。

教師としての心が、ためされていたのだった。


『教師修業十年』

あくまでもひとりの子どもに正対して教育活動をおこなう青年教師がそこにいる。「ぼく死にたいんだ」―情緒障害―の項では、この青年教師をして何度もひるませる男の子との苦闘が出てくる。

☆彼の神経は鋭敏で、ナイーブであった。

ごまかしの全く通用しない彼に、ごまかしのない教育を持続させねばならなかった。ぼく自身の弱さ、甘さ、嘘、ごまかしを、射続けられるかどうかが鍵であると思った。

☆学級経営案も、いつになく細部にわたって検討した。教科の展開はもとより、机の配置、話し方まで考えぬいた。

特に始めの一週間は何をするのか詳細に案を作った。

☆（そして）四時間目、国語（中略）

どれだけの言葉と態度を使おうと、かたくなに拒絶した。それはまるで心に鋼鉄の二重・三重の扉をしたみたいであった。

☆教科書も出しておらず、当然のごとき顔をしていた。何度注意してもだめであった。ぼくは、彼の机の中から教科書をとり出し、ひろげた。彼は冷たい目をしてそっぽを向いていた。

☆何を言ってもだめであった。あの氷のような冷たい目の中にとびこみ、固い鉄の扉をこじあけ、殻をこわし、やわらかい心まで届くすべはないのかと思った。心は何度もひるんだ。

『教師修業十年』

教師ならばわかるであろう。「あの氷のような冷たい目の中……殻をこわし、やわらかい心まで届くすべは……」

私が彼（向山氏）と連帯せんとする所以《ゆえん》であります。

その第2弾は平成21年10月21日に「向山洋一と連帯する」と題して、向山先生の主張を俯瞰するようなA3一面のものを配った。これも4Bの鉛筆でA3の紙にカリカリと書いた（本書付録参照）。

第二章

夢の始まり

校長赴任一年目に始動しなければ、
いつするのだ、
細部も伝えよ

1　校長として赴任1年目から夢を語る

校長を、２校合わせて７年間勤めた。

校長になった初年度から「授業を中心とした学校づくり」を標榜し、「自主公開授業」をすることを目標にした。ことある毎に「自主公開授業」に触れ、年度末の教育課程編成会議で提案した。

自主公開授業をする（何より授業が大切だから）。

会議の結果は、「提案通りその方向で」であった。「一人でも公開授業で授業しますという先生が現れたなら、なんとしても開催できるようにします」という付帯事項も了解を得ていた。

小さい自主公開授業は平成17年度と18年度の２回おこなった。丹波市小学校にて、参加者は30名から40名だった。

１年目は様子を見るという校長先生が多いけれど、私は反対だ。

狼煙《のろし》は１年目からあげるものだ。

拙《つたな》かろうと、荒削りだろうとも。

来年も同じ学校に居られる保証はどこにもない。

ちなみに山の辺小学校の歴代校長在籍年数は１年・３年・３年・３年・５年・４年・２年・２年・４年・３年・３年・５年・２年・２年・２年・４年（この４年間は私の在籍年数）。

平均するとちょうど3年になる。文部科学省の平成21年度末に退職した校長の調査では、校長として在籍していた期間の同一校平均在籍年数は、全体で２・６年となっている。

Column

向山洋一の「教育チェック」から

私を支え続けた向山氏の文はいくつもあるが、これはそのうちのひとつである。

向山先生が夢を実現するために大事なことと考えていることはなんですか。

燃えるような願望と具体化する行動、
そして、誠実な持続と謙虚さだ。

一度しかない人生である。

自分がやりたいこと、願うことをやっておきたいものだ。（中略）

何年か前、死期をむかえた叔父を病院に見舞った。私の活躍を大変喜んでくれていた。さる金融機関のトップにまでいくことを期待された人材だったが、働き盛りの貸し付け課長の時につまずいて会社を去った。

見る影なくやつれた病身をベッドに起こし、私の活躍をほめた後に、ぽつっと言った。

「俺もやりたかったなあ」

それができた人だった。が、死期を間近にひかえていては、不可能だ。

私は生きて働けるうちに、やりたいことをやっておこうと思った。（略）

願望が人を呼び、一つの仕事に結実していく。全国津々浦々の人を結びつけていく。

絶対に必要なこと。燃えるような願望とそれを具体化する行動。

願望と行動がなければ、何も始まらない。夢は永遠に彼方である。

夢を実現するための二つのこと。

誠実な持続と謙虚。この二つがあれば、必ず夢は実現する。


『見て学ぶイラスト版　教師の仕事　３６５日の法則』（明治図書）

とすると、2年目では遅いのだ。

主張は1年目からと心得て実行した。

それは教頭の時も、校長の時も同様だ。さすがに、教頭の時は、公開授業を提案することはできなかったけれども。

その他のことについては教頭赴任1年目から提案すべきだ。

まずは校長と協調することが必要だが。

今、意に添わぬことが繰り広げられているのに黙っているというのは、今の子どもたちに失礼だ。「主張したけれど、通らなかった」はあり得る話ではある。

自ら思う教育における主張は、校長赴任1年目から展開し、職員に校長としての夢を語るべきだ。

2 「自主」へのこだわり

重視すべきは「自主」だ。

誰からも無理強いされないけれど、手を挙げるという行為を指す。

何よりも授業が大切だから、皆さんに見てもらって、教えを請う。

このことを自ら選択する。

自分から手を挙げるのと、他から言われて手を挙げるのとは、少しの違いに聞こえるかもしれないが、天と地ほどの違いがある。

本当に力が付くのはどちらなのかは自明の事柄だ。

是非とも手を挙げていただきたい。
毎日おこなっていることを他の人にみてもらうだけのことだ。
長い教師生活の中で自分から手を挙げて授業研究をする。
きっと先生方の教師人生のなかでも輝きを放つ行為となるものと思う。
と、ことあるごとに語ってきた。

校長7年間の軌跡

年　度	自主公開授業 教育課程の編成への提案・決定	自主公開授業 開催（後援申請の有無）	実施年月日	外部からの参加人数	勤務校
平成16年度	提案どおりに決定				天理市立丹波市小学校
平成17年度	提案・開催決定	開催（後援申請せず）	18・2・9	30人	
平成18年度	開催決定	開催（後援申請せず）	18・11・28	40人	
平成19年度	提案どおりに決定				天理市立山の辺小学校
平成20年度	提案どおりに決定				
平成21年度	提案どおりに決定				
平成22年度	開催決定	開催（後援申請し、受理いただく）	23・2・10	200人	

※「提案どおりに決定」とは「自主公開授業をするという方向でいく、と決まった」という意味である。

右記のような結果になった。表にすると一目瞭然で、通常いくら早くとも、2年目に開催するのがやっとなのである。2年目に提案していたら実施は3年目になってしまう。

「校長さん、もうじき転勤やのに、何を主張しておられるの？」という感じで受け取られてしまう。

後で見るように、校長の提案を最終的に受け入れてくれるのであるが、どうしてそのようなことが実現したのかと言うと、思い当たるフレーズは、私の場合は次の文言になる。


人間関係の不思議は、自分が相手の中にあると信じたものが相手の中で育ってくる。

ニコライ・ハルトマン

私の提案に反対の意見を必死で言っている音声が、私に届くまでに、「ワタシハ、コウカイジュギョウニ、テヲアゲマス」に変換されていた。

特に最後の平成22年度の時はその感覚が強かった。

私は、「公開授業するなんて平気だ」と先生方は思っているんだと、心の底で思っていた。

だから、こちらから話はするし、みんなの話も聞いてはいたけれど、あまり重要には思っていなかったのかもしれない。

もちろん、それぞれの時期に出した提起・提案に手を抜いたことはなかったけれど、各人の教師人生の中で自分から手を挙げて授業公開するなどということに魅力がないはずがないという気持ちを根底に持っていた。

自ら手を挙げよ。

自ら手を挙げよ。

私は本当に信じていた。きっとみんな、自ら手を挙げるものと。

だって、なんと言っても、毎日、先生方は授業してるのだから。

3　正月の初夢　あんな学校・こんな学校

「年頭に当たって、みた夢」と題してプリントして先生方に配布した。「こんな」と「あんな」は対応させてある。

平成22（2010）年9月22日（水）

【こんな学校（山の辺小とは別です。念のため）】

❶教材研究なんか、全くせず、廊下で今日のところを開いて、勘で授業している。
❷先生間、同僚間のコミュニケーションがとれない。同僚間でも朝の挨拶がない。
❸服務規律が乱れている。
❹上司の指示や指導・助言を無視し、勝手な行動をとる。
❺児童に対し、体罰まがいの行為を繰り返す。
❻机上は書類の山。仕事ができるのは、ほんの狭い面積のところだけ。
❼無計画な授業で、授業展開の意図が何であるのか不明である。
❽教育的愛情や使命感に欠ける。
❾事務処理能力に欠ける。
❿児童を理解する方法もわからず、積極的に実態を知ろうともしない。

⑪当面している教育課題を正しく認識できない。
⑫児童を無視した自己中心的な授業をおこなう。
⑬掃除が行き届いていない。平気でごみが落ちている。
⑭掲示物の多くが垂れ下がっている。
⑮時期の過ぎたポスターが飾られたままになっている。
⑯職員会議が予定より遅く始まり、予定より遅く終わる。
⑰教室での子どもの発言。語尾が一定しない。～やろ。～やんか。～。
⑱提灯《ちょうちん》学校と呼ばれることを誇りに思う。
⑲危急の案件が生じた時、少人数が集まるが、いつのまにか誰もいなくなる。
⑳「授業研究します。見てください」との声は聞いたことがない。
㉑虫歯治療率が40パーセントを切っている。
㉒下校会は予定時刻より15分遅くなっても、何も感じない。
㉓山の辺漢字検定で6年の2学期後半になっても、4年生の漢字検定に合格していない児童が1割いる。
㉔授業中の姿勢に注意が払われたことはない。自由な姿勢が一番であると考えられている。
㉕鉛筆の持ち方の指導がおこなわれた形跡が見えない。
㉖見えていない箇所の汚れはこびり付いていて容易にはとれない。

Column

会議室を凍らせる

ある日の職員会議で。

教頭から「十月行事予定」の提案。

終わって、たくさんの追加や訂正が。

挙げ句の果てに「クラブは何日にしましょう」「委員会は……。えーっと、十月はクラブのある月でしたっけ」

いいですか。先生方。会議までに「十月何日はクラブ。何日は委員会」と、教頭先生の机にメモを残しておけば済むことです。

今、そんなことを会議中に皆で決めるなどはもってのほかです、と言って会議室を凍らせました。

大人げないとも思いましたが、薬にしていただきたいのです。成長していただきたいのです。

洗面台の下、体育館2F観覧席、玄関付近の芝生、北面の草ぼうぼう、西通り道のジャングル化等。
㉗「○○先生、いる?」と言って、職員室に入ってくる。「おらん。」と言って帰っていく。
㉘「何で私らだけ半ズボンなん?」と、しきりと平等を言い募る。
㉙廊下は走って通り過ぎるところ。
㉚全校朝礼は叱責ではじまることが多い。
㉛掃除道具入れの道具は、みな放り込んである。
㉜先生のことを呼び捨てにしても、違和感がない。
㉝学校に行くのいやだと言って、送って下さった車から降りようとしない。
㉞「あの先生を辞めさせろ」と、親が怒鳴り込んでくる。
㉟「子どもの心に傷がついた。200万円出せ」と迫られても言い返せない。

【あんな学校】

①拙《つたな》い授業かもしれないが、少なくとも教材と格闘した跡は認められる。
②先生間で、朝の挨拶は自然とおこなわれている。
③隙間の仕事はお互いにカバーし合っている。
④学校の方針に沿っているが、形式的ではない。
⑤どんな時に怒るのかの哲学を持っている。
⑥机の下を利用しているのだろうか。机上に何も物がない時が多い。
⑦授業の骨格がシンプルである。練られた指示・発問が子どもを動かす。

⑧パイロットと同じく、角度を少し違えると、近い将来大幅な狂いが生じるのだという自覚を持っている。
⑨雑用も仕事のうち。出された事務仕事はその場で完了させることを旨としている。
⑩自クラスの児童の実態を二文で表すことができ、実態把握の具体的方法を5つ以上言うことができる。
⑪自校の教育課題を問われ、表現は違えど同じことを職員みんなが話す。
⑫今日はこのことを子どもにぶつけてみようと、毎朝早く学校に行きたいと思っている。
⑬ゴミは適当に落ちているが、見つけた子のうち、2～3割の子がうれしそうに拾ってゴミ箱に捨てている。
⑭ラミネート加工など工夫されていて、ピシッと貼られている。
⑮時期外れのポスターは見当たらない。
⑯職員会議が予定より早く始まり、予定時刻よりも早く終わる。
⑰教室での発言の際、「です」「ます」をつけて言うのが普通になっている。
⑱夕方、4時45分に、先生方がみな家路についている。
⑲危急の時は、関係者が23：00であろうと24：00を過ぎようと帰らずに張り付いている。
⑳自主公開授業をしましょう、との声が聞かれる。

Column

TOSS管理職（からの管理職）

TOSS管理職の数が3桁の人数になる日も近い、今は80人台だとか。

でも、TOSS管理職にも二手ある。

千葉の元校長野口芳宏先生の言を借りると、「までの管理職」と「からの管理職」。

TOSSで管理職になったら自動的に「TOSS管理職」になるわけではない。

管理職になってから、どれだけTOSSを出していくかが問われるのだ。

ではお前はどうなのだ。「からの管理職」になりたいと強く思う。

㉑虫歯治療率が90パーセントを超えている。
㉒下校会の「さようなら」がすぐ実現する。
㉓漢字検定特別版に希望者が殺到し、校長教頭がうれしい悲鳴をあげている。
㉔いざという時、腰骨を立てて座ることできる。
㉕鉛筆の持ち方は生涯を通じての技術であることの自覚の下、指導に熱がはいる。箸の持ち方同様、なかなか難事業である。
㉖週に1ヵ所以上「あれ!? きれいになってるなあ」と思う場所がある。
㉗「○○先生はおられますか」
㉘百人一首等で負け続けても、負けを認め、意欲を失わずに勝負にむかう。
㉙廊下はデパート同様、走るのはエチケット違反と感じている。
㉚「松葉に落ちる雨の音が聞こえる」状態の時がある。
㉛用具入れの扉に中の様子の写真が貼ってあり、扉を開けるとその通りになっている。
㉜学校中の子どもたちが、○○先生と呼ぶ。
㉝学校にいくのが楽しみで仕方がない。
㉞連絡帳の書き出しは、「いつもお世話になっています」から始まる。
㉟「知り合いに弁護士がいます。相談してよろしいか」と言い返せる。

＊　＊　＊　＊

「あんな学校」を実現するには、では、どうすればいいのか。
私の答えはひとつ。

「すぐれた授業を連続させること」

遠回りでありながら、一番の近道である。そんな授業づくり技量を「自主公開授業」を契機に飛躍的に伸ばしたい、そう考えているのです。

＊　＊　＊　＊

正月の初夢、ほろ酔い気分を漂わせながら、しかし真剣に、理想とする学校の姿を浮かび上がらせることができる。これにより机上に積んであったものが、すっきり下に仕舞われるといったこともおこった。

第三章

夢の途中

提案し、悩み
提案し、悩み

1　研究・研修システムの提案

平成21年12月28日には次の提案をした。

＊　＊　＊　＊

福岡伸一氏の著書に『生物と無生物の間』がある。

「研究」とはこういうことなのだ。

分子生物学に全くの素人である私にもストンと落ちた。

彼の研究は「限定に限定を重ねた特殊な特定タンパク質の追究」である。


私どもの「研究」というのは、では、どうなるのか。

同じ子どもがA先生に受け持たれた時は荒れに荒れていたのに、B先生の受け持ちに変わった時に荒れを見せなくなった。

これは、なに故なのか？

これが私ども、いや私の学校の研究テーマとなりうると思う。

教える内容に大きな相違はない。

その教える方法はいろいろあろうが、答えそのものは変わりないはずだ。

年齢も20代と50代では大きく違うが、それも決定打ではない。

教育観に由来することもあるかと思われるが、受け持ちが変わった途端、ということと矛盾するように思われる。

では、B先生に変わった途端、荒れを見せなくなったのは、なに故なのか。

男性教師から女性教師へ、だからか。違う。

優しい先生から恐い先生に変わったからか。違う。

服装か。

声の大きさか。

先生の背の高さなのか。

私はまじめに述べている。

「人間力」という攻め方もあるが、あまりに漠然としていて、漢方処方になる。科学的研究とは一線が引かれる。

相手は生き物（失礼）。

人間的、あまりに人間的な事柄が作用しているに違いないと踏んでいる。

そこの所を明らかにするのが研究という名に値するのではないか。

名付けて「微細技術」（3年前にお招きした吉永順一元校長先生が大切にされていた言葉）。

そうすると、研究授業の後の、協議中の発言はよほど尊重されなければならない。

何気なく発言したことが実は最重要事項ということもあり得る。

進行役はそこを鋭くキャッチする必要がある。

さて、研究授業の後、重要「微細技術」を発見し、指摘し、解説いただける方はこれまた必須である。山の辺小学校はこの講師招聘が少なすぎた。自戒を込めて思う。

「授業を中心とした学校づくり」といいながら、それを実現するシステムになっていなかった。

来年度に向けて

研究・研修システムの構築

凡事徹底

⑴「あかねこ漢字スキル」ユースウェア研修：全員が前で授業する形態とする。

方法は別途に提示（最初の指導をグループで分けて授業してもらう方法）。

⑵「あかねこ計算スキル」ユースウェア研修：全員が前で授業する形態とする。

方法は別途に提示（最初の指導をグループで分けて授業してもらう）。

※⑴と⑵：4／12（月）か4／13（火）の15：45〜16：45頃まで。会議室にて。

研究主任が主導する。全員参加が原則。

⑶研究授業を年間3本だったが来年度は6本とする。

それぞれ講師を招聘することを目標にする。

全員参加が原則。以下は例です。

第1回　6／23（水）か6／30（水）：4年と6年

第2回　7／7（水）か10／20（水）：2年と5年

第3回　10／27（水）か11／17（水）か11／24（水）：1年と3年

教科は、来年度は国語。各教室にて。研究主任が主導。全員参加が原則。

⑷各自年間1回以上の公開授業は続ける（指導案B４1枚）。

教科は国語が中心。専科他どの授業でもよい。

最低でも同学年からと研修部から1名以上参加のこと。

目安の時期、6年は5・6月にする。5年は6・7月にする。4年は9・10・11月にする。3年は10・11・12月にする。2年は12・1月にする。1年は1・2月にする。月はあくまでも目安。

「年によってむろん多少は異なるけれども、年間で一人10回というのは、まず平均的な数であった」（元校長野口芳宏氏が貞本小学校時代を回想しての言）。

研究協議は30分以内。それぞれの教室にて。研修部員主導。
(5)夏休み研修を模擬授業研修とする。7／27（火）か8／4（水）予定
(4)の、公開授業のできなかった先生が対象。
研究主任が主導する。全員参加が原則。

「授業の原則10ヶ条」に照らしての研修とする。
(6)以上に伴い、校長の教室訪問は、年2回以上参観から年1回以上参観に変える。
6月下旬を中心におこなう。詳細は後日お知らせ。

評価の観点は変わらず、次の4点。

一、あたたかな表情・対応をする
二、子どもに顔を向けて授業する
三、明確な発問・作業指示をする
四、ほったらかしにされている児童の存在はないか

(7)その他。

☆職員会議後の10分に「ミニ研修」を入れる。

例　5／12（水）5年
　　6／2（水）3年
　　7／7（水）2年
　　9／1（水）6年
　　10／6（水）4年
　　11／10（水）1年

☆「リレーのタイムに目標値を」あるいは「プレゼンマウスの使い方」といった自主ミニ研修を随時開く。

☆学年研修の際、授業研究をする。同じ課題で論議する。模擬授業してみる。

来年度の研修主題は、教科等教育部から提案があります。

主題：一人一人が十分に力をつけることのできる授業の研究。

副主題：〜だれもほったらかさない授業〜でした。

主題、副主題はこのままでいいと思います。が、もう少し教科を絞って研究研修してみては、と思います。

例えば、国語。例えば作文。

国語だから私には発言権はありません、などとおっしゃらないでください。キイワードは「微細技術」です。

ですからどなたにも発言権があります。かえって最重要事項が含まれた発言であることが多いのではと予想できます。

＊　＊　＊　＊　＊

これは平成21年の12月28日の提案である。この提案は平成22年度に向けてじわりじわりと効いていった。

2　教育方針

山の辺小学校の教育目標

人間尊重を基盤に、健康な体・強い心・確かな知性と情操を養い、常に主体的、創造的に生活を切り開く力を身につけさせ、社会に対応し寄与できる子どもの育成を目指して、次の教育目標を設定した。

①健康で生命を尊ぶ子どもを育てる。
②基礎的・基本的な知識技能を身につけた子どもを育てる。
③進んで事に当たり、粘り強くやり遂げる子どもを育てる。
④多くの人と交わり、協力協調できる子どもを育てる。

☆「山の辺小学校の教育目標」を達成するための基本方針

①教師と児童、児童相互の心のふれあいを重視する。

②生きる力を養う活動を重視する。
③指導内容の研究、指導法の改善に、より一層取り組む。

指導の重点

⑴学校づくり
「授業を中心とした学校づくり」とする。
本年度の研究主題
「一人一人が十分に力をつけることのできる授業の研究」
〜だれもほったらかさない授業〜
⑵各教科、道徳、特別活動、総合的な学習等の指導の重点
ア、各教科
☆各教科における基礎的・基本的事項を的確に身につけさせる。
☆そのため授業の研究及び研修を一層充実させる。
イ、道徳指導の重点
☆〜「ふわふわ言葉とちくちく言葉」〜
優しく思いやりのある言葉を増やし、傷つけたり不快にさせたりする言葉をなくそう。
☆すべての教育活動を通じ、人間尊重の精神に基づく正しい生き方の自覚や道徳的心情の深化を図り、
道徳的実践力を培う。
ウ、特別活動

☆生活の中から問題を見つけ、よりよい学校、学年、学級をつくろうとする自覚を高め、実践力を育てることを中心に指導をすすめる。
☆望ましい集団活動を通して、心身の調和のとれた発達と個性の伸長を図り、集団の一員としての自覚を深めることを重視する。
エ、総合的な学習の時間
☆次の課題に対応した授業とする。
a、国際理解、情報、環境、福祉・健康
b、児童の興味・関心に基づく課題
c、地域や学校の特色に応じた課題

⑶人権教育
推進の重点
☆成功体験を積み重ねさせること。
①質の高い仲間意識を育てる。
②人権に対する今日的な諸課題について、正しい理解と認識を育てる。
☆児童養護施設の児童を受け入れているが、それぞれの児童に複雑な生活背景があり、学級・学年にできるだけ短期間にとけ込ませていくことがひとつの課題になっている。どの子も温かく受け入れることができる学校・学級をつくっていかなければならない。そのため、人権教育の推進は欠かすことができない。人権学習発表会や人権学習会などを計画的に実施していく。

Column

職場づくりメモ

☆夢と希望と少しの不安
素晴らしい学級をめざして出会いの工夫10ケ通り。
「古い」と「汚れている」は違う。黒板。出入り口のガラスはピカピカは当たり前。
一、職場づくり
1　教育哲学者・森信三氏の職場3原則
礼を（　　　　）
場を（　　　　）
時を（　　　　）
百点満点で、それぞれ点数をつけてください。山の辺小学校においてそれぞれ何点ですか。そして、どうしてその点数なのですか。お書きください。新しくこの学校に来られた方は、前の学校のことでお考えください。
2　新しく山の辺小学校に赴任くださった方々に、次の3つのことをお願いしています。
☆身綺麗（みぎれい）にする
☆あいさつをする
☆悪口の輪に加わらない
3　勤務規定等（別紙参照）
勤務時間の基本　8：15出勤　16：45退勤
4　校長室に山積みになった本があります。気に入ったのがありましたら、どうぞお取りください。無料です。
5　主任の仕事は（　　　　　　　　　　）である。
☆教務主任の仕事は（子ども　　　　　　　　）だ。
☆教頭の仕事は（先生方　　　　　　　　）だ。

Column

☆教務主任の主な仕事は次の５つ。
①年間授業時数の確定
②年間の行事の配置
③年間の会議等の配置
④校務分掌の明確化と人員の配置
⑤以上すべての企画・計画の文章化

6
各担当主任
☆３日前行動、３ケ月前行動で
☆担当からの提案をぶつけること。「～はどうしましょう」では物事はすすみません。
「～はこうしようと思いますがどうですか」でいきましょう。

7
「時を守る」は至難？　それともたやすい？
「何時までに・何日までに・この日にこれをする」をノートに明記すると、たやすくなる。
メモ例：４／14（月）15：45～研修の年間　計画についての話し合い
例：14日までに研修案を出す
例：８時13分に出勤印を押す
例：３月11日までに指導要録を仕上げる
などを書き込んでしまうのです。
ここがミソです。これで「時を守る」は滅法、たやすくなります。見通しが明るくなります。

解答
礼を（正す）・場を（清める）・時を（守る）
主任（サービス活動）・教務主任（子どもがスムーズに動けるようにする仕事）・教頭（先生方がスムーズに動けるようにする仕事）

(4)生徒指導の重点

☆一人一人の児童を深く見つめ、個性の伸長と集団生活の向上を図り、学校生活を充実させ、社会の中で自己の実現ができるような、資質と態度を育成する。

☆児童像の目安を次のとおりとする。

①食べっぷりのいい子

②遊びっぷりのいい子

③つきあいっぷりのいい子

☆児童対応の原則を次のとおりとする（思い出して、ご記入下さい）。

児童の増やしたい行動は（　　　）

児童の減らしたい行動は（　　　）

絶対に許せない行動は（　　　）

(5)安全指導の重点

☆命の大切さを自覚し、安全な生活を送ることのできる児童の育成を目指す。

(6)特別支援教育の重点

☆全体の10パーセントはいるといわれるＬＤやＡＤＨＡ、アスペルガー、高機能自閉症等発達障害の子どもの存在は、新しい課題を突きつけている。その課題を明らかにし、克服することを重点とする。

☆特別支援教育の枠に入れるべきかどうか迷うところであるが、発達障害と同様の様相を呈することが多いのでここに入れておく。反応性愛着障害のことである。これはまさしく山の辺小学校が直面している重要課題である。専門家の意見提言等を受けて、総力を挙げて道筋だけでも見つけたい。

⑺その他の配慮事項
☆キャリア教育を念頭に置いて計画を立てるように努める。
☆食育指導について、計画し、実行するように努める。
☆特にいじめ不登校等に関しては、即座（24時間以内）に緊急の会議を招集し、学校としての方針を定めるものとする。教師それぞれが当事者という意識で対処にあたるものとする。また、関係機関とも連携を密にして事をすすめる。
☆英語活動は5年6年で年間35時間を目標に実施する。
☆「山の辺漢字検定」を推し進める。
☆子どもの読書活動を推進する。（こども読書の日：4月23日）
☆内部評価、外部評価に耐えうる教育活動を推進していこう。

本年度の努力点

⑴授業力アップのための取り組み
文部科学省の答申によれば、ＡＤＨＤ、ＬＤ、アスペルガー等の発達障害の子どもは全体の10パーセントはいると言われている。
これらの子どもに、適切な教育を受けさせることが求められている。
☆スモールステップな授業であること。
☆一目でわかる工夫のある授業であること。
☆教室を、特に前面（黒板も含め）がすっきりしていて、注意を逸らす要素がない状態にすること。

また、児童への対応については次の5つが大切である。

①みつめる。　②ほほえむ。　③（やさしく）話す。
④触れる（充分に配慮して）。　⑤ほめる。

この5つを基本として、児童に接することが要請されている。

しかし、このことは、簡単に見えて、授業の中で実現することは至難の業である。これらのことが授業の中で実現されれば、児童はいきいきと活躍し、安心して自己を伸び伸び実現させていくのであると考える。授業力をアップさせることによって、授業の中でこれらのことが実現できるようになる。

授業力アップのための取り組みが大切な所以である。

また、以上の事項は実は発達障害の児童にのみ有効なのではなく、すべての児童に有効な事項なのである。つまり、授業力アップの研修はすべての先生への要請でもある。

精神科医・杉山登志郎氏の『子ども虐待という第四の発達障害』等によれば、平成2年の虐待相談件数は約1100件。17年後の平成19年の虐待相談件数はどの程度と想像されるか。答えの前に予想いただきたい。

答えは約4万639件だという。17年で約40倍の増加である。

（追伸：平成23年は5万5125件。約50倍）

交通事故死者数の約4～5（平成23年：6～7倍）倍である。「虐待された子どもは発達障害を呈する」という。授業力アップだけでは対応できないと言わねばならぬのかも知れない。関係機関との連携、関係機関の強い協力、専門的な力量を持った人員配置への要望等が必要である。自校のみで完結した取り組みだけでは学校そのものが成り立たないといった危機感すら覚える。

それでもなお、授業力アップはベースとして要請されている。なんとしてもおのおのが体現できるよう研鑽をつみたい。

(2)取り組みの実際

☆授業研修をする。模擬授業、公開授業などをして、批評を受け授業改善をする。

☆自己研修をする。

この2つを自分に課すことにより、子どもの願いや保護者の期待に応えることができる。さらに強く言えば、この2つを自分に課すこと以外に子どもや保護者の願いに応えることはできない。

(3)その他

☆引き続き「朝の読書」に取り組む。

その際、次の3点に注意する。

ア、読みたい本をひたすら読む。

イ、感想は求めない。

ウ、教師も読む。

☆職員朝礼を終礼にする。

朝、すぐ子どもたちとの活動から始める。

3　平成22年度学力推進プラン実施計画とその結果

学力推進プランとその結果を同時に載せました。見にくいと思いますが、お許し下さい。その結果は**（A）良し　（B）まずまず　（C）出来なかった**　で表し、下欄に示しました。

山の辺小学校の現状と課題

学力向上のための課題を粗く次の三つに分けて考える。基盤・基礎・基本。

基盤とは基本的生活習慣のこと。直接学力向上には結びつかないものの、基盤として重要視している。

基礎とは建築工事の土台にあたる部分である。どの教科にも通じる技能である。

基本とは各教科の出発点で、各教科のレディネスと言える技能のことである。
☆基本的生活習慣の確立：基盤づくり
（返事、あいさつ、後始末・靴を揃える・椅子を入れる）
☆基礎（下敷きを敷く、正しく鉛筆を使う、着座の姿勢、本読みの姿勢、立って読む姿勢、大きく口を開けて朗々と読む、先生の話を聞く、友だちの意見を聞く、ノートづくり）の定着
☆基本（平仮名・片仮名・漢字を使って正確に文が書ける、教科書を音読・朗読できる、辞書を使う、整数の四則計算）の定着
この3つを意識しながら、それぞれの技能を定着させて、学力向上に繋げたい。

家庭にも次の3つを取り組んでもらうよう依頼する。先生方には率先垂範を要請する。

①名前を呼ばれたら「はい」の返事をする。②「おはようございます」「こんにちは」「さようなら」のあいさつをする。③靴を揃える。席を立つ時、椅子を入れる。

取り組みの概要

(1)学力向上は教師の授業力にかかっている。そのために、授業力をアップさせる取り組みをする。

本年度の研究主題は次のとおり。

「一人一人が十分に力をつけることのできる授業の研究」～だれもほったらかさない授業～

副主題：「言語力」を育成する。

めざす児童像は「自分の思いをきちんと言える子」

☆研究授業をする。――――――――――――――――――――（A）

6／23（水）4年・5年　　10／13（水）3年

11／24（水）6年　　1／12（水）1年

2／9（水）2年（2／10実施予定）

☆夏休みに模擬授業をする。――――――――――――――（A）

右記でできなかった先生がする。

☆職員会議後にミニ研修（10分程度）を組み込む。

例：1年生を担任した時の出会いの演出公開、1年生を担任した時の最初の授業公開、ADHD児への効果的な手立て、新規購入備品の説明など。――――――――――（C）

☆自主公開授業開催を目指す。――――――――――――――（A）

⑵読書活動を推進する。――――――――――――――――――――――――――――――（A）

☆朝の読書タイム（毎週火・水・木曜日の10分間）

☆ボランティアによる読み聞かせ。年に各学年1回実施。

⑶あかねこ漢字スキル・あかねこ計算スキル全学年使用：実際の使わせ方の研修をする。――――――――――――――――――――――――――（A）

新たに山小への転勤者講習は4月中に実施済み。

全学年同じ漢字スキル・計算スキルを採用し、お互いに研修し合い、子どもの習得を容易にする。できない子への対応も同じ練習帳を使用しているので、学年を問わず話し合い交流できる。

⑷全校朝礼で暗唱会をする。――――――――――――――――――――――――――（A）

5／10（月）5年（枕草子第1段）

9／6（月）4年（百人一首）

10／4（月）6年（君死にたもうことなかれ）、1年（大きなかぶ）

12／6（月）2年（ことわざ・月の和名・干支）

2／7（月）3年（寿限無）

⑸山の辺漢字検定を実施する。――――――――――――――――――――――――――（B）

6年間に学習する漢字を十数段階に分け、検定をする。

特別版1～5も作り、挑戦させる。

事前に家庭に問題と解答を渡し、できているかどうか点検していただくよう依頼する。

正門付近からみた山の辺小学校

目標：全員4年生までの漢字をマスターさせて中学校に送る。
(6)山の辺計算検定を試行する。――――――――――――――――――――（B）
プレテストの性格を持たせた「計算検定」を作り、学年はじめに実施する。
2回目からは家庭にも問題を知らせ、学力向上に協力いただく。
目標：全員4年生までの計算をマスターさせて中学校に送る。
(7)山の辺オリンピックを実施する。――――――――――――――――――――（B）
山の辺漢字検定の要領で、運動分野の検定を体育部会からの提案で試行する。
これが出て、一輪車をする子が増え、運動する子が増えたように思える。
(8)気になる子への支援体制をつくる。――――――――（まだまだなのだが、書いてあることについてはA）
☆学級づくりを先行させる。なによりも学級づくりを最優先させる。なぜならば、荒れたクラスのなかで気になる子が学ぶのは、人間の醜い部分だけである。良質な学級があって初めて、気になる子も人間と人間の良好な関係を学び取ることができる。
☆特別支援教育の知見を最大限採り入れる。
例えば「教室前面はすっきりと」「一目で分かる工夫をする」「言葉を削る」「可能な限り予定を変えない」等、個々人に対応した体制を組む（例えば、運動会特別校時用の特別支援学級校時表を作成し、個々人の動きと担任の動きを明確にするなど）。
☆休み中に補充学習をする（任意の実施）。
(9)宿題による学習習慣を形成する。――――――――――――――――――――（B）
できない子にとっての「宿題」についての考えを学校として持つ。

①宿題量のめやす：10分×学年＋αを課す。極端に多量な宿題を課さない。
（注：この時間数は学級の中で一番時間のかかる子を基準に考えた量であること）
②課題の定着のために、練習自体を授業の中に組み込む。
（注：安易に宿題にしない。できない子のためにも、難しいことではあるが授業中に練習問題をさせて、できるようにしてから家に帰すようにする）
③学校で理解できない子が、宿題をすることでできるようになることはない。
（注：②と同じ考えである。であるから、授業で練習も確保すべきである。量は自信をつけさせる効果と定着を図る効果があるが、量だけに頼ることは避ける）
①については、子どものことを考えてという口実で、もっと多く出していたのではないか。あくまでも、クラスで一番時間のかかる児童を基準に考えてほしかった。
②ができていないので、①に影響するというサイクルに陥っていたように思う。授業の中に定着のための課題を組み込みさせていただきたいと思う。
③まだまだ質を高める努力が必要だと思う。

⑽学級だよりを勧める。——（A）
10クラス中8クラスから学級だよりが出ていた。他にも番外編で通信を出していた。
①家庭・保護者と学校・学級が一緒になって、生活習慣とともに学力をも向上させたい。

期待する効果

①基盤の形成——（B）

自分から挨拶をする子、靴を揃えて脱ぐ子（靴が揃っていないと何やら落ち着かないといった感覚を有する子に）、席を立つ時椅子を入れる子。

②学力の向上――――――――（C）

奈良県や全国の平均を大きく上回る。

③家庭・保護者の教育力を引き出す――（B）

当たり前のことが当たり前にできるよう「学校だより」等で啓発したい。

4　根源的な問いに応える

児童養護施設から36名。さまざまな理由を背負って入所している。全校児童255名の約14％にあたる。

子どもらは、自分が悪いと思っている。父親・母親が悪いなどと思ってはいない。自分が悪いのだ。自分が悪いからなのだ、と思っている。

子どもらが発する問いは、究極的には「自分は

Column

モンスターが姿を見せる

「うちの子の担任を降りてほしい。殺したいくらい嫌い」

教師になって、こんなことを言われるなんて想像もできなかった。

「ぶっ殺すぞ」

どこの世界の出来事ですか。

「お前の息子、殺したろか」

こんなことを言われた経験がないもので、縮み上がってしまいます。自分には降りかからない。そんなことはないのです。明日かもしれません。

（右記は他校の例）

当時、「TOSS教職員賠償責任保険」三井住友海上保険、があったら、あんなにのさばらせることはなかったのに、と悔やまれてなりません。

担当の中井光弁護士が見事に捌いてくださいます。当時、歯を食いしばってたたかいました。あの時に、中井弁護士の快刀乱麻の助言があったらなあ。

何のために生まれてきたのか」「何のために生きているのだ」「自分は生きる価値があるのか」という問いである。

これには我々は答えることができない。答えることはできないが、応えなければならない。ではどうするのだ。山の辺小学校はどうするのか。

私はＴＯＳＳにしがみつくしか道はないように思う。

発達臨床家平山諭先生の言われる「セロトニン５」だけでは太刀打ちできないのだと言わねばならぬのかもしれない。——みつめる・ほほえむ・触れる・（優しく）話す・ほめる——ではどうするのだ。一人一人に突きつけられている問いである。

私はＴＯＳＳにしがみつくしかないと思っている。一言で言えば、「巻き込む」。

思えば、山の辺小学校に来た当初、荒れに荒れていた子が、しばらくすると落ち着き、みんなの中での位置を見つけ、喜んで学校生活を送るようになったケースは数多い。どうしてそのようなことが可能だったのだろう。

担任他、担当者が必死になって巻き込んだ（教育した）からこそできたのではないだろうか。彼らからの問いに対してきちんと答えを渡したのではなく、教育活動でもって応えたのだと思う。答えの材料になるものを与えたのだといってもいいと思う。

山の辺小学校の授業に「巻き込む」。山の辺小学校学級の生活に「巻き込む」。そうすることによって、子どもたちは居場所を得、安定にむかう。

ＴＯＳＳはその部分、「巻き込む」という局面にこだわる。

「黄金の３日間」も、そうだ。

３日で巻き込むのだ。３日分の、綿密で周到な青写真が1年間を安定させる。

「授業はじめの15秒」も、そうだ。

はじめの15秒。びっくりさせることとは根本的に違う。年間約８００回の本番。

山の辺小学校の研究主題は「だれもほったらかさない授業」の実現だ。「だれも」というのは「すべての児童」という意味である。35人のうち34人に響いていても、1人がそっぽを向いているのでは「すべて」とは言わない。「すべての児童」を正しい方向に巻き込む。そのことを追究すべきなのだ。

そのための具体的中身は、ＴＯＳＳにはいっぱいある。授業作法から教材教具にまで及ぶ。

「巻き込む」ためのメモ
☆「日」に一画加えて、漢字にするなどの拡散的思考の問題群。
歴史クイズなどのように答えがひとつではない、「毛虫チャレラン」、「ボール迷路チャレラン」など。

精神病理で最も難しい病気の一つである統合失調症でも、効果的訓練が可能だ、と言われる「ペーパーチャレラン」。

「ピアノが上手」とは違う世界で、一気に巻き込みたい。
☆傘バランス・長靴とばし・六角鉛筆積みなどの、「チャレンジランキング」で巻き込む。主役が誰になるのか全く分からない。夢中でやった者が勝つことが多い。かな。
複数の評価基準が教室に出現する。

きょうは○○君が主役だ。

六角鉛筆積みなら△△さんだ。

☆「あかねこ暗唱・直写スキル」でシーンとした教室を実現する。
渡しただけで教室に静寂が訪れる。静寂の心地よさを無言で伝えることができる。各学年で購入がよい。

「うつしまるくん」同様、自分の書いた文字にうっとりする。
☆「話す・聞くスキル」はソーシャルスキルトレーニングになりうる。
☆はじめの15秒にこだわる。
以下、「現代教育科学」2006年7月号（明治図書）：熊本県大畑小学校　椿原正和論文より抜粋

＊　＊　＊　＊

席に着いていない。教科書を出していない。ノートを出していない。

このようなことが多く見られる。

それを叱って指導するとますます反発するようになる。だからこそ教師は、ほめることから授業を始めることに全力を集中せざるを得ない。

これが、現場の最重要課題となっているのだ。
☆効果のある授業のつかみ10例
例1　漢字スキルで始める。
特別支援教育を要する子どもたちは、授業開始の安定を求める。何をするのかの見通しが立つことは、とても重要なことなのである。（後略）
例2　フラッシュカードで始める。（以下全て後略）
例3　授業前に赤えんぴつで薄く日付を書く。
例4　できたてのプリントです。（と言って配る）

例5　次の時間の学習内容を伝える。
例6　作業指示から授業を始める。
例7　目標を高く設定する。
例8　準備をしようとした瞬間をほめる。
例9　ビジュアルな資料を提示する。
例10　いきなり指名する。

＊　＊　＊　＊　＊

はじめの15秒で子どもの心を鷲づかみにして、授業に巻き込む。

☆彼らが元々かよっていた天理小学校（明治43年から平成17年3月まで）には、天理教の教え「朝起き・正直・働き」のもとに、「信条教育」なるものがある。

山の辺小学校における道徳人権教育に相当するものと思われる。

人間の生き方の原理・原則を教えるＴＯＳＳ道徳をすすめる。

☆細分化の原則ほか、授業の原則10ヶ条の実現を目指す。

授業に巻き込むための基本原則10である。

現在は校長室に掲げているが、職員室にも掲げる。

授業がうまくいかないときは、この原則10のうちのどれかが必ず疎かになっているのだ、と主張したい。

☆アスペルガー児が敗北を受け入れた「五色百人一首」を学級に持ち込む。

隙間の毎日5分の実践。男女年齢関係なしの妙味。

基本的に帰りの会は5分程度で終了する。すると、水曜日の下校会は2時35分に開始できる。職員会議は

3時ジャストから開くことができ、3時55分には終えられる。

それでも、帰りの会で隙間の時間があれば、連絡や説諭よりも五色百人一首をするほうがずっと男女の仲は良くなる。

☆二分の一成人式を実施する

日　時：11月のふれあい祭りの日の1～2時間目
内　容：市音楽会の曲披露の後、二分の一成人式
出席者：校長・教頭・保護者・他
場　所：音楽室。
準　備：二分の一成人式認定証

☆子ほめ運動の推進

どれもこれも自己肯定感を高めて、学校生活に巻き込むための仕掛けである。

☆内省力を培うために、作文指導を重視する。

1年間を貫く日記指導。

100字作文。

俺のやっていることはひょっとしたら違うかもしれないと悟らせる。

そのため、語彙力も育てる。

1年間を貫く辞書引きの実践（学年に応じて）。

10年後、20年後、場合によれば30年後、虐待の連鎖を断ち切る武器として身につけさせたい。

☆山の辺漢字検定の各学年の問題数をずっと減らす。

皆が正解しそうな漢字は、あらかじめ省いておいてやる。
学年に応じたローマ字の問題を入れる。
☆特別支援教育の知見を採り入れる。
児童養護施設の研修に積極的に参加する。
☆時には子どもの中に入れ。見え方が変わる。

先生方に宿題を二つ出しています。
(1)「反応性愛着障害」(reactive attachment disorder)
対応の原則は？
復習：ＡＤＨＤ対応の原則は
☆増やしたい行動（例、兄弟仲良く遊ぶ）→（　　）
☆減らしたい行動（例、兄弟で口げんか）→（　　）
☆絶対に許せない行動（例、兄弟をたたいて怪我をさせる）→（　　）
では、反応性愛着障害の場合はどうか。

回答例
☆他人に愛着をもたせることを教える。
自分の気に入った人や自分の愛情を注ごうと思っている人に対して、どう行動したらいいのかを教えなければ、対策にならない。

☆同情する子を見つけ、さりげなく誉める。
「他人に愛着をもたせることを教える」
つまり：愛着をもった時、べたべたと愛情を押しつけて甘える　×
　愛着をもった時こそ、その人の考えその人の想いに思いを馳せること　○
などを教えることだと思う。
さりげなく。道徳授業で。示唆する言葉掛けで。折に触れ。

(2)学校評価アンケート結果を読む。
①昨年度の「学校評価アンケート集計結果」と今年度のとを比べて気づいた点は何か。
②そこからみえる山の辺小学校来年度の課題は何か。
③その課題を改善する提案。
粗いままで結構です。

回答例
☆このアンケート項目自体が適切であるのか、もっと必要な項目があるのではという吟味が要る。
☆あいさつ、言葉遣い、読書の項目の3つに評価が低い。
参観の回数は年間5回が適切だと思っている。評価「1」は消えたが、さてどう考えるか。
悩みや問題に適切に関わっているの評価「1」は消えたが「2」が増えている。
☆あいさつは60～80％主義で、今後も続けて指導していく。言葉遣いについて。

あいさつも読書も含めて先生が見本を示すことが第一。「大造じいさん」としか答えないのはなぜか。それは「大造じいさんと残雪のどっちや」と尋ねているからだ。「大造じいさんと残雪のどちらだと思いますか」と尋ねてはじめて、正しい言葉遣いをする道が開かれる。

休み時間を別にして授業中の大方は丁寧語で話すよう努めるのがいいと思う。

きちんと自分の考えを整理したり、時には自分を否定する論理を組み立てるのには「です」「ます」という道具が役に立つ。
☆読書嫌いにすることはできる。が、読書好きを作ることは難しい。あいさつ同様無理強いはできない。策がいるだろう。向山先生がされた「夏休み読書報告」という実践がある。奥祐司先生の自由読書コーナーは人気がある。ヒントになるような気がする。
☆あいさつ、言葉遣い。「靴を靴箱に入れる」や「トイレのスリッパを揃える」や「掃除道具をきちんと仕舞う」等は最初の指導が大切。奥先生がしてくださっているように、望ましい写真で示しておくのはその点優れている。が、あいさつ・言葉遣いには適用できない。

その他
☆特別支援教育
各人の個別支援計画を一言で言い表せるようにする。

この子の指導方針はと問われて、一言で言えるようにしておく。その妥当性は吟味されねばならない。
☆各学年の暗唱メニューを決める。例：6年「君死にたもうことなかれ」
全校朝礼などで披露する。その時は校長の話は、なし。

Column

終礼で授業の原則十ケ条を暗唱してみせる

６月28日の月曜日に松藤司先生が来られます。授業の原則十ケ条に人一倍こだわっておられる先生です。私もこだわっています。終礼の終わりに、空で言ってみます。

ＮＰＯ法人翔和学園では、給料査定においてこの授業の原則十ケ条の暗唱が必須だそうで、言えないとなると給料減額だそうです。

授業の原則十ケ条

一、趣意説明の原則
〜指示の意味を説明せよ〜

二、一時一事の原則〜
〜一時に一事を指示せよ〜
（皆は、私が書いた十ケ条を見ながら聞いていた）

三、簡明の原則
〜指示・発問は短く限定して述べよ〜

四、全員の原則
〜指示は全員にせよ〜
（順調、順調）

五、所時物の原則〜子どもを活動させるには、場所と時間と物を与えよ〜

六、細分化の原則
〜指導内容を細分化せよ〜

Column

（これが言えなかったり、間違えたりしたら、私の給料は減ることになります。ちょっと間が空いた）

七、空白禁止の原則
　～たとえ一人の子どもでも空白の時間を作るな～
八、確認の原則
　～指導の途中で何度か達成率を確認せよ～
九、個別評定の原則
　～誰がよくて誰が悪いのかを評定せよ～
十、激励の原則
　～常にはげまし続けよ～

（ふーっ。給料減らずにすみました。でも、まだまだ、たどたどしいです）

授業の原則八ケ条（技能編）も言えますか

一、子どもの教育は菊を作るような方法でしてはならない。
二、子どもは断片的にしか訴えない。言葉にさえならない訴えをつかむのは教師の仕事である。
三、子どもを理解することの根本は、「子どもが自分のことをどう思っているか」ということを理解することである。
四、意見にちがいがある。だから教育という仕事はすばらしいのだ。
五、時には子どもの中に入れ。見え方がかわる。
六、秒単位で時間を意識することは、あらゆるプロの基本条件である。
七、技術は、向上していくか後退していくかのどちらかである。
八、プロの技術は思い上がったとたん成長がとまる。

向山洋一著『続・授業の腕をあげる法則』

☆講師を呼んでの研修を計画する。
☆自主公開授業を計画する。

来年度の青写真を、12月の時点で提案するのには、実は意味がある。校長が出す青写真と教育理念が全く違うという先生には、自分の身の振り方を、自分で考えていただいて、決断いただく。12月に「根源的な問いに答える」という随分長い文書を配布したのにはそういう意味がある。

5「黄金の三日間」の計画をうながす

先生方に、「子どもらとの出会い」を大切にせよ、といってもなかなか計画しようとはしないものだ。先生方の手をとって、立ち上がらせ、手をひいて、筆箱の中身は？　テストの集め方は？　とひとつひとつ、点検させたいと願って次の文書を配った。

＊　＊　＊　＊

平成20年3月31日（阪部保）

☆子どもたちへの「方針演説」を決める。
この教室で、この学級の友だちと勉強できるのは一年限りです。一年経ったらどんなに嫌でもこの教室をでていかなければならない。どんなに仲が良くても分かれて○年生にならなければならない。だからこの一年はとっても大切な二度とこない一年間なのです。

皆さんがこの学校に来るのには二つの理由があります。

一つは「勉強する」ためです。しっかり勉強して賢くなる、立派な大人になって世の中の役に立つ。未来の日本を支えてゆける人間にならなければなりません。学校はそのためにあるのです。

もうひとつは「みんなと仲良くする」ためです。

大勢で一緒に勉強するということは一人ぽっちで勉強する事とは違います。沢山の友だちの考えを聞いたり、沢山の友だちと一緒に考えたりするからこそいっぱい賢くなれるのです。

「学校で勉強する」事にはそういう意味があるのです。

大切な大切な一年をしっかり「勉強」をがんばり、「みんなと仲良く」できるものにしていきましょう。
☆神は細部に宿る。
☆自分が描くクラス以上のクラスは生まれない。
☆学校は次の三つを大切にしています。
　人として大切なことです。

「あいさつ　　返事　　あとしまつ」
☆休み時間のすごし方。
20分休みなら、10分は子どもたちと共に、10分は同学年の先生等と共に
☆こだわるものを決めておく。ほめる。（全部を要求してはダメ）
下敷き　名札　筆箱の中身（とんがった長い鉛筆5本・赤えんぴつ・定規・消しゴム）　雑巾のかけ方
立ててある本の上下　丁寧さ　日記　読みの姿勢　腰骨を立てる　今日先生にあいさつした子をほめる
「始業式で姿勢のよかった子が18人いた」等
☆学年会・学年部会では最低次の三つ。

気になる子の情報交換　　進度を合わせる　　行事などの細部打ち合わせ
☆最初の授業「川　山　上」。
☆子どもの名前を正確に呼ぶ。
☆学級通信を書く。
親御さんは心配で心配でたまらないのです。
☆先生は次の三つ場合には厳しく叱る。
何度注意しても改めようという姿勢が見られない時（仏の顔も三度までと言います）
命にかかわる時
他人を不幸にしながら、自分の幸せを築こうとした時
☆初日は板書から。
進級おめでとう
みんなが力を合わせて
明るく
元気に
楽しい
学級をつくっていきましょう。
みなさんのがんばりを
全力でおうえんします

山小で一番と思っている先生より

※図（略）のように背の順に座りなさい。あるいは、アイウエオ順に。
☆山の辺漢字検定、前々学年（前学年）のその1を全員にさせる。予告なしで実施する。
採点し、「ひとりのこらず、賢くします」と宣言する。
☆発達障害の子らにも優しい学校に。
月曜朝礼や式での「礼」の発声は進行役がする。「姿勢を正して」「礼」校長、先生方、児童にかかわらず全て発声する。

一日の流れを示し、安易に変更しない。
☆「そもそも体育とは何か」を語れ。
体育の勉強の好きな人は手を挙げなさい。降ろしなさい。体育が得意な人、手を挙げなさい。
☆○年生の体育の勉強が少し変わります。
体育の勉強で一番大切なことは「丈夫な身体と心をつくる」ということです。「丈夫」というのはお休みをしたり、病気や怪我をしたりしないということです。

いくら走るのが速くてもボールを投げるのが上手でも、学校を休んだりすぐに病気や怪我をしてしまったりする人は「体育が上手な人」とは言えないのです。
☆細かなルールを明確に。
筆箱の中身　提出物の出し方　テストの集め方
学級ボール　学級文庫　鉛筆削り　授業中は可不可？
他必要なルールを全て書き出し、他学級とつき合わせておく

＊　＊　＊　＊　＊

刺激剤として、この文書を提示した。同業の息子さんにこれをコピーして渡した先生もいた。

黄金の3日間を計画せよ。悩め。脂汗を流せ。今、苦しめ。

笑って別れることのできる学級にするために。

別れたくないと言われるほどの学級にするために。


以上は、伴一孝先生、河田孝文先生はじめ、たくさんの先生方の『教室ツーウェイ』誌中論文等から、我が校に必要と思えるものを中心に構成したものです。諸先生方に感謝いたします。

6　無敵の学校生活

不埒《ふらち》な題名で恐縮です。「無敵の～」は銀座まるかん創業者・斎藤一人さんのお弟子さん芦川政夫氏の本の題名です。

「人は、皆、未熟者だよ。（中略）無敵の人生をめざす修行だよ。（中略）『無敵』というのは誰にも負けないということじゃないよ。敵がいないということだよ。敵がひとりもいなければ、それだけでこの世は天国だよね。

笑って無敵の人生を歩こうよ。」

『斎藤一人　無敵の人生』（学研、芦川政夫著）から抜き書きしました。

業務員さんを味方にする。

事務員さんを味方にする。

ＰＴＡを味方にする。

区長会を味方にする。

「どなたでしょうか。洗面台がピカピカになっております。ありがとうございます」「職員玄関に、小さいガラス瓶に花を飾ってくださっています。多分、巽さんでしょう」

「学校評議員さんがこう言っておられました。『7～8年前にも学校に寄せていただいていますが、廊下にゴミがひとつも落ちていませんね』尾崎さんのおかげです。『7～8年前は子どもらと一緒に掃除をしました。きったなかったです。今はきれいです』微差大差」

いくつかの連絡事項の中にさりげなく入れておく。そうしますと、ほんとにそっとお礼を言われたりします。お互いに気持ちよく仕事ができます。10お持ちの力を喜んで11・12と出してくださいます。感謝の言葉を言うのが結構苦手な私はそのようにしました。

「道具箱が整頓されています。一度開けて見てください。原田先生の仕業です。感謝いたします」

「二階の踊り場の給食食器などを置く箇所がきれいになっちゃっています。四年生の子どもたちが梶野先生と寄ってたかって、あっという間にきれいにしてくれました。たいしたものです」

ＰＴＡとは、同志である。対するはモンスターペアレント。一緒にたたかっていただいた。同じ敵を持つと結束できる。

区長さん方もＰＴＡも、誠実に教育活動をしておれば、敵対されることはない。幸い「授業を中心とした学校づくり」を理解いただけた。皆さん人徳のある方々で、幸運であった。教育委員会ももちろん敵ではない。「関東で、学校の悩みを全く取り合ってくれない所があると聞きます。その点、天理市はよく個々の学校のことを考えていただいています。○○はどうですか、と聞いてくださるだけで、心強いです。ありがとうございます」等と、思っていることを口に出して言う。

組合も敵ではない。困難な局面を持っている学校で、対立などしている場合ではないという感じである。一緒になって学校にとって何がいいのか考えようという空気である。振り替え休日をきちんと取る事は義務ですぞと、校長から強く言っている。

また、新しく本校に赴任された方々や途中で来られたサポーターや実習生などには必ず次の3つを伝える。

「こうしてもらいたいという事が3つあります。何だと思いますか」と問うてから伝える。

1　あいさつをする。

2　身綺麗にする。

3　悪口の輪に加わらない。

それを受けて、引き続き本校勤務の職員にも次のように言う。

「新しく来られた方に、こうしてもらいたい事3つを伝えました」

〝皆さんには、先輩として率先垂範していただきます〟の意を込めて言う。

先輩方は年に何回かこの3つを聞くことになる。

職員室の環境自体も無敵が実現するように、と企てた。

7　教師という仕事の作法（吉永順一先生の著述に啓発されて）

私のひとり言に属するものであろう。しかし、これを読んで校長の行為の意味を知るものも出るかもしれぬとの思いで、配布した。

＊　＊　＊　＊　＊

微差大差。

イエローハットの創業者・鍵山秀三郎氏の言葉である。

彼は社長の地位にありながらひとりトイレの掃除を始めた。

やがてその活動は社風となった。

「10年は偉大なり、20年恐るべし、30年にして歴史になる」

ルーツは二宮金次郎である。

「積小為大《せきしょういだい》」小を積み重ねて大と成す。

尊徳の教えを引き継いだのが、教育者・森信三である。

森は「微善積徳」という言葉を遺している。

「小積もりて大と為す。微を積んで巨と為す。されば大事を為さんと欲すれば、すべからく先ず小事を務むべきなり。万里の路は即ち一歩の積、万巻の書は即ち一字の積なり。故に小事を務めて怠らざれば、大事は成る」

森は「微善積徳」の原理を学校再建の3要道として示した。

「礼を正し、場を清め、時を守る」である。

森信三は微差を日常の生活に見出している。

一処の清掃

一隅の整頓

来信の返信

朝暮の挨拶

時間時期の励行

破れ封筒を持って校内をまわる。

途中目に付いたゴミなどを封筒に入れる。
こどもたちの下駄箱に寄る。脱ぎ散らかしている靴を揃えてロッカーの上に置く。
時には、雨傘を巻いて留める。
トイレに寄って、スリッパを揃える。

まだ始めて3年。
偉大まで7年ある。
社風?になれと願いながら。

＊　＊　＊　＊

8　公開発表会への道

校長としてこんなことをしてきた。

Column

夢を追う

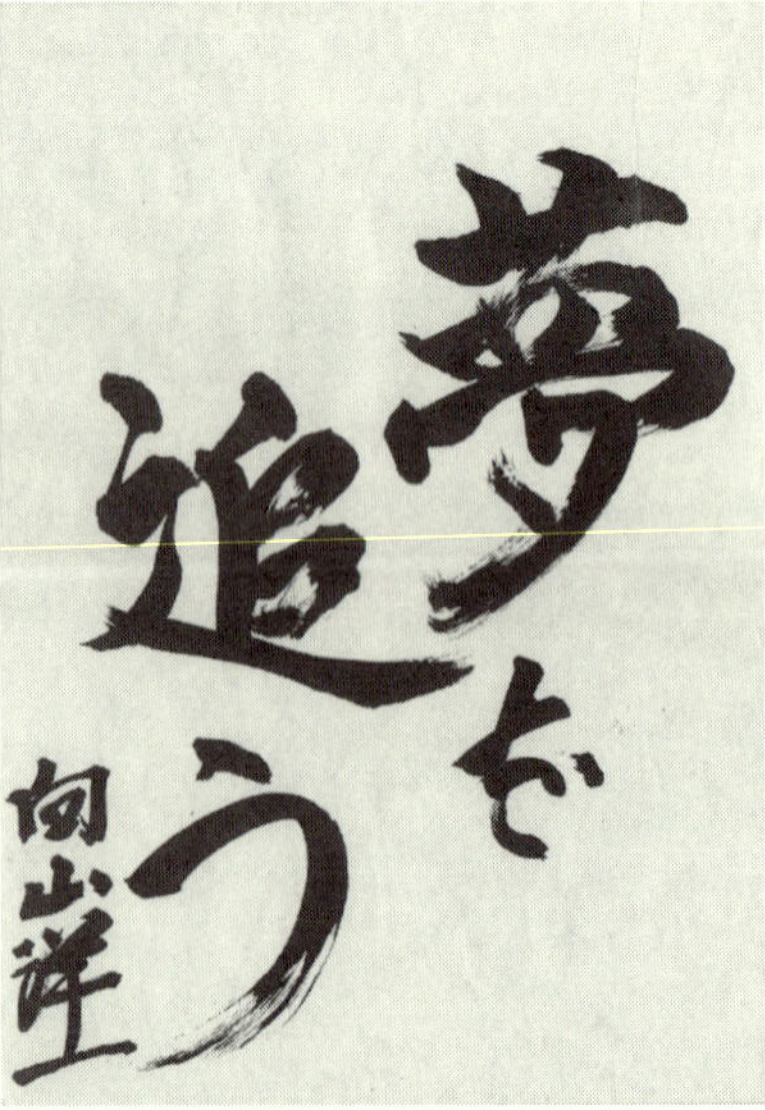

向山先生直筆の毛筆作品

向山先生自筆の毛筆作品のコピーを校長室の正面に貼った。
毎日、それをみて、学校生活を送っている。

山の辺小学校赴任1年目（平成19年度）

①4月3日の企画会議で「授業を中心とした学校づくり」の方針を伝える。
　4月4日の職員会議で全体に伝える。
②職場三原則を提示し、職員室正面に掲げる。
　礼を正す　場を清める　時を守る
③しつけの三原則を生活指導の柱とする。
　あいさつ　返事　後始末
④6月6日、教育課程の編成会議を設定することを全職員に知らせる。
⑤「全員一回以上の授業公開」を努力目標にする。
⑥五色百人一首の出前授業をする。
⑦校長授業参観を実施する。6月と10月を中心に、年間各クラスに2回程度参観する。
　評価基準は次の基礎4つと基本4つ。

基礎
　下敷きを敷く
　えんぴつを正しく持つ
　腰骨を立てて座る
　本は立てて読む

基本
　授業の始まり（15秒）
　子どもへの目線
　あたたかな表情・対応
　明確な発問・指示

⑧8月30日に熊本の吉永順一・海浦小学校元校長先生を呼び、研修会を開催する。
⑨「赤ねこ漢字スキル」「赤ねこ計算スキル」全学年使用を提案し、来年度から使用することに決定する。
⑩教育相談委員会を設置する。
⑪シャープペンシル使用について論議し、学校だよりに「山の辺小学校は鉛筆を選択した」ことを載せた。
⑫職員会議の持ち方について指示する。会議の作法、予定の時刻ではじめ予定時刻であるいはより早く終えること。司会者は復唱せぬことなど。
⑬単元・題材・主題年間配当一覧表を作成させる。
⑭「学校だより」を発行する。
⑮「組分け」の原則を明文化する。
⑯「山の辺小学校の教育」と題したプリントを作成、配布する（特別支援教育を中心に構成したもの）。
⑰スマートボードを持ち込む。
⑱3月「あかねこ漢字スキル・あかねこ計算スキル」の使用方法について校内研修をおこなう。講師：校長
⑲自主公開授業をおこなことを目標にすることが、教育課程の編成会議で決まる。

山の辺小学校赴任2年目（平成20年度）

①「山の辺漢字検定」を提案し、11月までに作成、実施した。
②五色百人一首20セット、百玉そろばん5台、五色名句百選18セットを購入する。
③「あかねこ漢字スキル・あかねこ計算スキル」全学年の使用始まる。

④午前5時間制を提案する。原文を書き写し提示し、説明する。（もう一押しというところまで迫ったが、最終的に受け入れられず。残念。平成23年度の今なら通るように思う。東日本大震災後の電力事情からも迫れる）

⑤校務分掌表の改編を提案し、次年度から改編した表にすることに決定する。

⑥「山の辺小学校児童の学習」「山の辺小学校児童の生活」を生活指導部会に提示し、全体に提案させ、提案通りとすることに決定する。全教室に掲示された。

⑦3月11日に向山洋一先生との連帯を呼びかける文を印刷して配布する。

⑧3月31日、4月1日両日に学校づくりと題した文書を机上に置く。

（詳しくは第三章の5「黄金の三日間」計画をうながすをご覧ください）

子どもたちへの「方針演説」を決める。

神は細部に宿る。

学校は次の3つを大切にしている。　あいさつ　返事　後始末

休み時間の過ごし方

こだわるものを決めておく。

最初の授業「山　川　上」

子どもの名前を正確に呼ぶ。

学級通信を書く。

初日は板書から。

漢字検定　前あるいは前々学年のを予告なしで全員に実施せよ。

Column

モンスターペアレンツ対応心得その1

「上流が濁れば、下流も濁る」
野口芳宏

校長たるもの、この言葉をよく噛みしめて、事に当たるべし

「一人残らず賢くします」と宣言する。
発達障害の子らに優しい学校に。
「そもそも体育とは何か」を語れ
細かなルールを明確に。
子どもがストレスなく動けるようにイメージしておく。
授業を中心とした学校づくり
必読書、特に児童養護施設を校区内に持つ山の辺小学校教師の必読書。
『子ども虐待という第四の発達障害』（杉山登志郎著、学研）

山の辺小学校赴任3年目（平成21年度）

①PISA型校内研究会を設ける。
②山の辺オリンピックが体育部から提起され、試行する。
③4月10日（金）放課後、主に着任者に対して、あかねこ漢字スキル・あかねこ計算スキルの使用方法について研修する。講師：校長
④同日、五色名句百選を実際に体験させる。
⑤4月15日（水）放課後、百玉そろばんについての講習会を持つ。同時に「輪郭漢字」の講習もおこなう。講師：校長
⑥「責任」という言葉を使う。先生方の信念に基づく行動によって、仮にどのような事態になったとしても私が必ず前面に立って責任をとると宣言する。

⑦10月21日「向山洋一と連帯する」と題したA３の文書を先生方に配る。
⑧暗唱を提案し、来年度することに決定した。
全校朝礼で『山月記』の「遂に発狂した」までを暗唱してみせる。「来年度は、皆さんの番ですよ」と言っておいた。
⑨1月「正月の初夢」として、夢を語る。
（『山月記』の一節をB５の半分の用紙に刷り、事前に渡しておいた）

『発達障害の子どもたち』（杉山登志郎著）を、先生方がみんな３回以上読んだ。

夕方、４時45分にみな家路についている。

いつの間にか、教室での発表の際、「です・ます」をつけて言うのが普通になっている。
⑩４年生の２クラスの「二分の一成人式」に呼ばれる。

山の辺小学校赴任４年目（平成22年度）

①４月12日「あかねこ漢字スキル・あかねこ計算スキル」校内研修会　講師：梶野修次郎
②６月18日「授業の原則10ヶ条」を職員室の壁に貼る。
③６月26日終礼で「授業の原則10ヶ条」を暗唱してみせる。
④６月28日　松藤司先生を迎えて校内研修。模範授業も。
⑤７月14日「夢を追う」の向山洋一の書を校長室の正面に貼る。
⑥７月23日　松藤司先生を迎えて校内模擬授業研修会。
⑦７月27日　第２回校内模擬授業研修会（以下略す）

9　授業風景から

①「○○を見てわかったことは何ですか」
②「はい」「はい」「はい」……
③「□□さん。」
④「○○を見て、……ということが分かりました」
よく見る授業風景です。
しかし、立ち止まって考えると、この指導の流れはよくありません。
「ほったらかしにされている子」が確実に存在します。

⑴どの段階がダメなのでしょうか。
①でしょうか。それとも②でしょうか。③ですか。④でしょうか。それとも全部でしょうか。
⑵その段階は、どうして「ほったらかしにされている子」がいるといえるのですか。
⑶どうすればいいのでしょうか。

私が考える、問題の答え
⑴①が問題です。①がダメですので以下全部ダメです。
⑵①だけですと、分かった子が手を挙げます。

分かろうとする子にはその「はい・はい」が思考をじゃまします。

わかりにくい子は、当たる子の意見を聞けばいいや、と考えてしまいます。

こういうのを「上澄みの授業」（つまり、できる子だけを対象とした授業）と言う人もいます（野口芳宏元校長先生）。

このままでは、誰ができていて、誰ができていないか分からないまま、授業が進行します。

分かっていても挙手しない子ももちろんいます。


⑶作業指示を入れる。

「○○を見てわかったことは何ですか」の後に、「ノートに書きなさい」と入れるべきです。

つまり、「○○を見てわかったことは何ですか。ノートに書きなさい」となります。

「ノートに書きなさい」という作業指示を入れることにより、全員が脳みそを働かせざるを得ない状況になります。「はい」「はい」は封じ込められます。わかりにくい子も考えます。

考える時間が確保できます。早く分かった子には2つめ、3つめを考えさせます。

「諸君。賢くなりたければ、書くことを嫌がってはならぬ」等と藤森良蔵（※）ばりなことも言えます。

誰ができているのか。誰がまだ考えているのか把握しやすくなります。

「ノートは脳みそを写す鏡」という大切なことを子どもらに伝えることもできます。

※藤森良蔵：明治〜昭和の数学者。戦前「受験の神様」とも言われた人物

いつも、いつも「ノートに書きなさい」と言えるわけではありませんが、作業指示をしないと「ほったらかしにされている子」が確実に存在するのだということは頭に入れておいてほしいと思います。

10　見本を見せる～松藤司先生と共に～

3年間の間には五色百人一首を出前したり、出張中に授業させていただいたり、習字の授業を受け持ったり、「授業しますので見てください」などもした。

3年の国語「サーカスのライオン」は全時間をもらって授業した。毎時間、指導案を配った。その時の指導案では元千葉県高浜第一小学校校長・根本正雄氏が提唱されていた4つの観点を書いておいた。

マネージメントの指導技術　組み立ての指導技術　できるようにする指導技術　対応の指導技術

（これは後の自主公開授業発表会で生きることになる）

自分なりにいろいろと、先生方に揺さぶりをかけたつもりだけれど、先生方の根元をゆさぶることができたという実感は得られなかった。

22年度は松藤司先生に一年間指導いただくことにした。

6月28日に2本の研究授業をするところから始めた。

木本和幸・5年国語「動物の体」

梶野修次郎・4年国語「辞書を作る人になって」

5時間目には、松藤先生に模範授業をしていただいた。題材は五味太郎ことばのえほん「あいうえお」。

模範授業を見るにあたって、先生方には次の問題を出した。

松藤先生の模範授業の中で、どの「授業の原則」がどの場面で使われていましたか。

私の回答
☆「チャイムで始め、チャイムで終わる」（授業の原則以前のエチケット）
☆「ひらがなの学習です」（簡明の原則）
☆「ひらがな50音言える人」終始これくらいの言葉で指示発問されていた。（簡明の原則～指示発問は全員にせよ～）
☆『ん』まで言えた人、座りなさい」（全員の原則～指示は全員にせよ～）
☆『ん』の漢字空書き」（確認の原則～指導の途中で何度か達成率を確認せよ～）
☆何度か「となりと確認」と指示。（確認の原則）
☆「終始ほめる。いいねえ。さすが。すごい」（激励の原則～常に励まし続けよ～）
☆「全体をとおして次から次へと課題を提示し、易から難への配列」（空白禁止の原則～たとえひとりの子どもでも空白をつくるな～）
☆「□ちゅう　□さぎの　□んどうかい　□には何が入る」（一時一事の原則～一時に一事を指示せよ～）
☆「ノートまだ見てもらってない人、がんばって持ってきなさい」（全員の原則・確認の原則）
☆「めざまし……」難しい。創作。ことば絵本づくりに挑戦。（背伸びの原則。そんな用語はないけれど）
☆見てもらった者の中で、何人か黒板に書かせた。最大7人まで並んだ。○やしるしをもらった者は、板書されたのを見たり、新たに頭の中で作ったりしていた。（空白禁止の原則～たとえ一人の子どもでも空白

の時間を作るな～）

番外：自前の上靴をお持ちくださった。

次は校内模擬授業

7月23日（金）13：30～15：00　山の辺小学校多目的室にて　講師：松藤司先生

模擬授業（5分～7分自己申告）↓コメント（2分）↓質疑応答（2人程度）↓講師コメント↓拍手

方法：①模擬授業の順番は、当日くじで決める。

②2学期に実際におこなう授業を課題とする。

③略案を作成し、前日までに配っておく。

④授業時間は5分から7分。自己申告する。

⑤模擬授業の途中で、講師の先生が授業を止めることもあり得る。

⑥授業をされない先生方は子ども役をする。

⑦子ども役の先生は、授業の感想を書いて授業者に渡す。

⑧7／23にできなかった先生は7／27にする。

⑨7／23に済んだ先生でも7／27に希望があれば再チャレンジできる。

松藤先生には事前に次のようにお願いしていた。

☆先生方に本物の授業を見せたい。

☆子どもたちに本物の授業に出会わせたい。

☆先生方に自分の授業を否定する強さをつけさせたい。

☆追求する姿勢、学び続ける姿勢を伝えたい。
☆その先導役を松藤先生にお願いしたい。
松藤先生は時間の許す限り、山の辺小学校に来てくださった。

7／23校内模擬授業　　　　　　　　※順番はくじで決めた
梶野修次郎：4年算数　式と計算　500マイナス（150＋80）＝
西律子（養護教諭）：食の授業・高学年向き　ライオンの好き嫌い
前田まり子：6年理科「サイエンス・ビンゴ」
中林　順：6年算数　分数のかけ算　2／7×3
（休憩3分）
吉田太一郎：1年ひきざん　15マイナス8＝
伊勢和彦：6年社会　大名行列　お手水に行きたくなった……〈敬称略〉
皆さんは、授業を楽しんでくださった。私も楽しかった。長い教師生活の中で、こんなふうに先生方が授業をして見せ合ったことはなかった。人がする授業を受けて、その授業について言い合い、ねぎらいの拍手で終わる。こんな経験もなかった。
松藤司先生のおかげだ。山の辺小学校に教育世界の良質の部分が伝わったのだった。7／23の校内研修でそういう実感が持てた。サークルを開いているような感覚を何度か味わった。進行役とタイムキーパーがTOS S大和の梶野修次郎先生だったこともあるかもしれないが、なにより最後の講師コメントが決め手であった。いくら感謝してもし足りない。

次の7月27日（火）には、松藤先生は居られなかった。
松山由里子：2年算数　形づくり　※順番はくじで決めた
原田友高：図画工作・鑑賞　アートゲーム
池波健志郎：5年保健体育　心の健康　悩みのあるとき
（休憩7分）
阪部　保：学級指導　虫歯治療
横山祐子：2年詩の授業　金のストローダウトをさがせ
講師の松藤先生は居られなかったが、何とかできた。私も、向山先生の虫歯指導をそのまま模擬授業させてもらった。先生方から12枚のコメント紙をいただいた。いただいた12枚は、今も大事にとってある。

☆〝絶対歯医者さんに行こう〟と思いました。子どもの時はc1、c2……の意味が分からず、自分のムシ歯の程度を知らないまま、〝痛い〟〝痛くない〟の感覚だけで大丈夫か判断していましたが、c1、c2……の意味を知ることですぐに行動でき、ムシ歯をつくらないでおこうという意識づけにもなると思いました。ありがとうございました。
☆「すぐに歯医者さんに行こう」と思いました。このお話なら、クラスの子たちも、しっかり聞いてくれるかなぁと思いました。
☆虫歯になるしくみをスラスラと説明されていたので聞き入っていました。
最後まで聞いていたら、c4になったらとても怖いと思いました。

第四章

夢は夢のまま
なのか

立ち上がれ

舞台は整った

1　天理市教育委員会後援名義使用許可申請書提出顛末

次の申請書を提出した。

天野市教育委員会後援名義使用許可申請書

平成22年11月5日

天理市教育委員会　御中

申請者　天理市立山の辺小学校

校長　阪　部　保

下記の事業について、後援を許可されるよう申請します。

記

1　事業名　山の辺小学校自主公開授業発表会

2　主　催　山の辺小学校

3　他の後援者　奈良県教育委員会（申請中）

4　責任者　阪部保（山の辺小学校長）

5　目　的　本校の研究「すべての児童を巻き込んだ授業を目指す」をより深め、児童の健全な発達に寄与する。

6　参加対象　全国の小学校関係者
7　期　日　平成23年　2月10日（木）12時50分～16時45分
8　場　所　山の辺小学校各教室及び体育館
9　内　容　本校教師による公開授業並びに外部講師による公開授業及び検討会
10　講師（授業者）谷　和樹（たにかずき　玉川大学教職大学院准教授　教授学）
松藤　司（まつふじつかさ　皇學館大学非常勤講師　伝統文化論）
11　参加料　無料
12　その他　①研究協議におきまして、貴教育委員会から各分科会（低・中・高）の講師3名の派遣をお願いします。（都合のつかない時は結構です）
②開催要項を添付します。

教育委員会への申請にあたっては、まず、教育長に口頭で打診した。75パーセントくらい（私の勝手な思い込み）の賛意をいただく。

その上で先の書面を学校教育課長に提出した。73パーセントくらい大丈夫（これも私の勝手な思い込み）の見通しという感触を得た。

ところが、返ってきた返事は、「後援はできません。同じ市の中で管轄の学校を後援するのは、おかしい。そんな例は聞いたことがありません」。

そんな例を探した。ネットでなら、いくらでも見つかるが、一学期に学校に届いていた千葉県の道徳の研究会の案内を持って、再度お願いした。返事は「やはり、後援できません」だった。

教育長さんにはもう一度食い下がった。

「先生方が必死の思いで、教育に携わってくれています。その先生方を応援いただく、市教委も放っておかないという意思表示として後援をいただければありがたいのです。今まで例がないのでしたら、今、例を作ってくだされればありがたいです」

こうした依頼のやりとりの途中、TOSSのセミナーがあった。TOSS大阪しあわせの沼井先生から「杉谷先生にお会いください」。TOSS大阪しあわせの杉谷先生に会うと、「根本先生にお会いください」とのことだった。

ちょうど1年前の2月20日（土）に、全国から1000名以上の参加者があった「基礎学力を保証する授業研究会in千葉」を主催された根本正雄校長先生からは、「教育長さんがいいって言ってらっしゃるんでしょ。大丈夫ですよ。教育委員長さんはどうですか。まだなのですね。そこにお願いしましょう。気を強く持って、絶対に開催するんだという気持ちで当たってみましょう」とアドバイスをいただいた。

みなさんのバックアップは、自分でも驚くほどの力になった。

後日、教育委員さんにお会いする機会があったので、3人の教育委員さんにお願いした。「いいことじゃないですか」の返事をいただいた。その日残念ながら不在の教育委員長さんには封書を託した。祈りながら待った。

その結果、「後援OK」をいただいた。ありがたかった。

「何度もお願いに上がり、しつこく後援をせまりまして、申し訳ありません。お陰様で、先生方に教育委員会も一緒になって山の辺小学校を応援してくださっているという思いが伝わりました。ありがとうございました」

教育長さんからは、しかし、ひとつ釘を刺された。

「すまんがな、お金は出せませんよ」

「そりゃもう……」と笑って、答えた。

2　向山洋一先生への手紙

向山洋一様

奈良の阪部と申します。

「6ヶ月前には、企画について打診しておくように」という作法を知りながら、今頃このようなお願いをする非礼をお許しください。

どうしてもお話が聞きたいという思いがありまして、お願いする次第です。

それは「わたしの学校づくり」です。

校長としての向山洋一先生を望むことはもうできません。

けれども、仮想向山洋一校長先生というのは望むことができます。

＊

「総合教育技術」誌8月号の10人の中で、校長先生は2人しかおられません。

斎藤喜博氏と東井義雄氏です。

私は斎藤喜博氏の次のような文言に強く動かされました。

☆運動会のときなども、本部席にきちっと座っているようなことはあまりない。（中略）人から見ると、落ち着きのない重々しくない、また、社交性のない校長のようである。（『学校づくりの記』全集30ページ）

☆だから私は、会礼で子どもに訓話をしたり、会議で挨拶したり、認印を押したりすることにはさらに興味がない。

☆私は学校へはだいたいおしゃべりをしにいくようなものだった。(『学校づくりの記』全集294ページ)

向山洋一校長先生の「学校づくり」を見てみたい、聞いてみたい。

仮想でよい。

きっと全国の現役校長先生、未来の校長先生方の指針になるものと思います。

私は録音させてもらって一言一句きちんとテープ起こしをして参加者に、そして広く日本中の方々に広めたいと思うのです。

自分で自分の「学校づくり」を作り出さずに、何を言っているのだとの声も聞こえてきます。が、言い返す言葉がありません。

毎日、毎日、幾度も幾度も「こんな時、向山先生が校長だったらどうされるだろう」「向山校長先生ならどうされるか」を考えて毎日毎日をやってきています。

向山先生の校長としてのエピソードがほしいと、ないものねだりをしています。

下世話な例ですと、評論家の丸岡秀子さんが島小を訪れた時、出迎えに来た人のことを小使いさんと思っていたら斎藤喜博校長その人だったということや、案内されていくと、斎藤校長が職場の先生方から詰問されているところだったとか……。

「校長先生は不公平です。自分のすきなものだけほめて、きらいなものはいくら努力してもみとめてくれないのです。」

「私は今年の一学期は斎藤さんにつっぱねられてしまった」（『学校づくりの記』全集１３６〜１３７ページなど）

片々のことがらが影響を与えることもあるような気がします。

「私個人としては、宿題を出してくれなどという親は馬鹿だと思うし、出す先生も馬鹿だと思う」とはきすてるようにいって亀の子のように首をちぢめた。皆がどっと笑った。（『学校づくりの記』２０２ページ）

本質的な「校長としての責任」や「義務」といったことについての言及も、向山先生の口から語っていただきたいと願っております。

『学校づくりの記』ではそれぞれ一ヶ所だけ「義務」「校長としての責任」という用語がみられます。

「実践に対するうるささ、きびしさはたしかにたいへんなものがあるかもしれない。しかしこのことは子どもに力をつける教師としてとうぜんのことであるし、私としては先生たちに『よい腕』を持ってもらい、力のある子どもをらくに作り出せる先生になってもらいたいという願いがあり義務がある。そしてそのことは先生たちが将来教師としてしあわせを持つことでもあるから、校長としての私の責任でもある」

ＴＯＳＳは大森校長を産み、吉永校長、舘野校長、根本校長、槇田校長また野口校長を産み出しました。大森先生の学校づくり、吉永校長の学校づくり、舘野校長の学校づくり、根本先生の学校づくり、槇田校長の学校づくり、野口先生の学校づくり、そして、向山先生の学校づくり。

どうか、お聞かせ願えないでしょうか。

開催要項を同封します。

ご検討をよろしくお願いします。

18：15終了と設定しました。東京にお帰りになられる場合も大丈夫と考えました。宿泊でしたらご用意いたします。

どうかよろしくお願いいたします。

平成23年11月9日

阪部保

向山洋一様

Column

日本史上最高の教育者は誰だ？

読者336名が選んだトップ10　小学館『総合教育技術』2010年8月号

第1位　大村はま
第2位　福沢諭吉
第3位　吉田松陰
第4位　斎藤喜博
第5位　緒方洪庵
第6位　向山洋一
第7位　宮沢賢治
第8位　森　信三
第9位　津田梅子
第10位　東井義雄

問い1　この中に、校長先生は、何人おられますか。そして、誰々ですか。
1の答え　（2人。斎藤喜博氏・東井義雄氏）
問い2　ご存命の方は、何人おられますか。そして、誰々ですか。
2の答え　（1人。向山洋一氏）

3　立ち上がれ　舞台は整った

自主研究団体「ＴＯＳＳ学校づくり研究会」の機関誌（編集人：舘野健三　編集長：槇田健　編集部：法則化奇兵隊）「ＴＯＳＳ学校づくりトークライン」には、次の原稿を送った。

＊　＊　＊　＊

２０１０年10月27日（水）の職員会議で、「自主公開授業発表会」について提案しました。以下、私に向けられた数々の意見を列記します。

☆うちの今の状況で、公開授業を企画実行するのは、校長先生、酷です。明日、授業ができるのか。成立するのか、次の時間はどうなのだ、と薄氷を踏む思いで、日々苦しんでいるのです。授業公開自体に反対はしないのですが、何も今年することはない。今年はするべきじゃない。

☆6年前、前の学校で公開授業をした時は、子どもの状態がよかった。20年前荒れに荒れていた学校でしたが、あの時は子どもを見せたかった。こんなに子どもたちが頑張っているというところを見せたかった。だから意味があった。今回は違います。今の現状を見せたくないのです。

☆2月10日、6年生は受験が終わって、ひっくり返っているかもしれません。今すでにひっくり返っていてもおかしくないのです。

☆子どもの状態がよくなってからにしましょう。

☆公開授業について、先生方の意見は一致していますか。とても一致しているとは言えません。「一部の先生が、あー、やってはるわ」となるのではないでしょうか。心ここにあらずという状態になるのに違いありません。山の辺小学校が、一丸としてやっていけるとは思いません。
☆前任校で公開授業をしました。その時、私も授業公開しました。よかったと思っています。それは、4月の段階から、こうするというのが決まっていて、学年の先生方と指示はこれでいいのか、この発問は適切か、練りあいをして、当日を迎えたのです。今回10月27日に、「2月10日に公開授業します」と言われて、教科も何もわからないまま、どうするのですか。時間がなさ過ぎます。
☆意味があるのは分かるけれど、あまりに唐突すぎです。
☆低学年、中学年、高学年からそれぞれ授業する人がでなけりゃ格好つかないでしょう。授業しますといって手をあげる人なんかいませんよ。
☆これは、しなければいけないのですか。
☆公開授業をするという人は、今1人だけです。公開というからには、少なくとも低中高から最低1名は出なければ、格好がつきません。今の状況では授業者は1名だけだと思います。これでは、公開授業になりません。

賛成意見は、TOSS大和の梶野修次郎先生、お一人でした。
これらの集中砲火に対して、どう対応されますでしょうか。
切迫した彼らの言い分もよく分かります。
私は次のように申しました。

☆公開授業をしたら、山の辺小学校が一丸になれないとおっしゃいましたが、逆なのではないですか。

☆では、今「わかりました。公開授業しません」と言えば、一丸になれるのですか。「公開授業は、なしにします」と言えば、山の辺小学校は一丸になれるのですか。
☆逆でしょう。賛成してください。
☆「授業公開します」と声をあげた瞬間、物事が動き出します。先生方同士の検討会、発問は適切か、練り合い、大切だと思います。圧倒的に時間は少ないですが、大丈夫です。要は声をあげるかどうかです。
☆3年前の、２００７年度教育課程の編成会議で、次の提案が出ています。
「自主公開授業をする（授業をとおして学ぶことが大切だから）」

決まったことは太字で印字されています。

「**この方向で**」
☆２００８年度でも２００９年度でも提案され、「**この方向でいくこと**」が決まったこととして載っています。
☆自ら手をあげることが何より大切です。名乗りを上げる人、出てくると思います。では、この方向でいくということで、お願いします。

そんな、大層な提案ではないのです。

平成23年の2月10日（木）に公開授業発表会をしましょう、というだけです。

本校教師の授業と外部講師の授業とを設定し、研究協議も本校教師の授業だけにしてあります。外部講師は「飛び込み授業を引き受けてくださる先生」としました。

備考には次のように書きました。

☆授業者を募ります。授業者は研究協議で意見をもらえます。また、参観者からのコメントをいただけます。今後の教師人生の糧になりますように、との願いからです。
あくまでも、山の辺小学校の先生方が得をする研究会にします。


勝負はこれからです。何人が名乗りを上げるかです。

6教室以上から手が挙がれば、よし。

3教室止まりなら、わるし、です。

授業検定同様、手を挙げるか挙げないかは天と地ほどの違いがあります。

生涯にわたって、目の色を変えて教材と格闘する教師は、この手を挙げた者のなかから出てくると思うのです。

天理市の後援は申請済みです。

いでよ、舞台は整った。

＊　＊　＊

「憧れの学校」（〇〇小学校に来てよかった）を実現させるには、どうすればいいのか。ただ専一に、すぐれた授業を追い求めること。そのことができるような環境作りをすること。

これが遠回しでいて、実は一番の近道であると考える。

Column

すごい先生を生む

スターを作るのは大変むずかしいと言っていいだろう。
第一に、本人の才能と実力
第二に、努力
第三に、人柄と謙虚
第四に、時代が求めるもの
キラリと光る新しい主張
（以上要約阪部）
（中略）
第五に、舞台がなければならない。その人を押し上げる人々、あるいはプロデューサーが必要である。
『学級を組織する法則』向山洋一
公開授業発表会をする意味は他人には語りはしないが、このことをねらいにしていたのである。

落語家が落語を通して、芸を磨き人間を磨くように、教師は授業を通して技術を高め、人間を磨いていくことが本筋である。

仮に、ある児童が教室を隔てている薄い壁をコンコン叩きだしたとする。叱っておしまいになるなら、苦労はない。叱れば叱るほど叩き出す。終いには穴をあけてしまう。先生の静止が効かないのなら、他の俺たちだって何をやらかしてもいいのだという理屈になる。

しかも、叱らない訳にはいかない。

この堂々巡りを断ち切るにはどうすればいいのだ。

すべての児童（被虐待児童、ネグレクトされた児童等、文字通りすべての児童）を巻き込む授業を実現させる。それが出発点であり、終着点でもある。

4「狂」のつく人になる

「立ち上がれ舞台は整った」の原稿の後、続けて次の原稿を送った。どちらも「ＴＯＳＳ学校づくりトークライン」：自主研究団体「ＴＯＳＳ学校づくり研究会」の機関誌あてである。

＊　＊　＊　＊

「狂」のつく人（非日常の日常化）

読んで読んで、創って創って、やってやって、発信して発信して……

妥協を許さない鬼を心の奥に養え

これは、２００６年8月20日東京で行われた「学校づくり講座」で熊本の吉永順一元校長先生が示された「優れた授業をするＴＯＳＳ教師を語る」の一節である。

私はこの「狂」のつく人となった。

校内の先生方から「何の意味があるんですか」という問いを受けながらの公開授業発表会だった。私の回答は「何の意味があるのか。そんなことは知りません」（うん、うん。確かに「狂」がついています）「意味があると思えば、あります。ないと思えばないのです。ご自分で意味を見出していただきたいのです。すべて自分にかかっています。せっかくです。是非とも意味を見出してください」

公開授業発表会を「する」と正式に決まったのは、実は12月1日（水）の職員会議においてでした。開催当日まで2ヶ月と10日しかありませんでした。この時点で「ＴＯＳＳ学校づくりトークライン」への原稿「立ち上がれ舞台は整った」はすでに出していました（確かに「狂」がついています）。

教頭先生と教務主任が強硬に反対しました。それに対して、長く長く熱く熱く語りました。斎藤喜博氏のこと、向山洋一氏のこと、ＴＯＳＳのこと、これからまだまだ教師として人生を生きていく先生方に心を込めて語ったつもりです。

ただ、どうしても乗り越えられない点がひとつだけありました。

それは「講師として向山先生をお迎えすること」ができないことでした。

「校長先生、これはＴＯＳＳの研究会ではないのですよ。山の辺小学校が全部ＴＯＳＳに賛同しているわけでもないのです。それでもやりたいなら、日曜日にされたらどうですか。大体から、何人くらい想定ですか」

それらには答えず、「しない仕事10」を列記しました。

1、特別の大掃除　2、花の飾り付け　3、スリッパの用意（各自持参）　4、駐車場の案内はＰＴＡに頼む　5、講師以外の来賓接待　6、大きな看板づくり　7、授業記録をとる　8、分科会内容まとめ　9、研究紀要づくり　10、実践記録づくり（これらは別に「狂」でも何でもないと思っています）、そして、そのようにしました（ただ、最終的には大きな看板は2枚も作ってくれました）。

これはこれでいいのですが、向山先生を講師にお迎えできない、この点がとても心が耐えられない思いでした。落ち込んでいるそのとき、大阪のＴＯＳＳしあわせサークルの杉谷英広先生の助言が効きました。

「向山先生は、すべてお見通しですって。分かってらっしゃいます」

これは効きました。神様の使いだと思いました。私にとってメガビタミン剤でした。

12月1日（水）の時点での授業者は3～4名でした。

当日まで実際、正月を挟んで実質50～60日くらいしかありませんでした。

偉いものたちです。

その後、6の1（6年1組）が名乗りを上げます。

「だれも放ったらかさないを掲げている本校で、6の1が授業しないのは、理屈に合わない。6の1をこそみてもらうべきだ」という主張です。涙が出ました。

そして、2学期の最終日忘年会12月22日を迎えます。

当日は朝から最強ナーバスペアレントと一戦も二戦もおこなっていました。担任の高倉先生、人権推進の伊勢先生・前田先生、校長が躍起になって対応し続けているうちに、忘年会が始まりました。途中でモンスターから電話が掛かってきて、10分、15分と経過します。忘年会ですのに、先の先生方は飲むわけにはいきません。

私とナーバスペアレントとのやり取りを固唾をのんで見守っています。

一転、解消しました。

わーーーーーーっとなりました。

それ飲め、やれ飲め。

旨いのお。旨いのお。

そのうち、6の2の淀川先生が騒ぎ出しました。

「校長先生、しますわ」

耳を疑いました。

「絶対しない」を公言していた先生です。

「校長先生、考えてもみてください。3階。5の1する。5の2する。6の1する。うちだけせんかったら、かっこ悪いでっしゃろ」

隣にいた高倉先生が喚きました。

「ぼくもします」

「狂」が伝染したのだと思います。12月22日です。ほんとにほんとに、2月10日当日まで50日。実質30日〜40日くらいしかありません。

周りのみんなは「校長先生、ふたりとも、素面《しらふ》になったら、絶対『そんなこと言いましたか』と言いますよ」と言っていました。

後日、そのとおり「校長先生、そんなこと言いましたっけ」を、二人とも言いました。

私は、想定したとおりになって、笑いながら「そうらしいな」と応じました。

それにしても「狂」って伝染《うつ》るんですね。

Column

モンスターペアレンツ対応心得その2

「極真カラテは　背中を見せない」

大山倍達

ここで校長が出ないと「逃げ」になる。
そんな時こそ、すっくと立ち上がって、
対峙すべし。
逃げれば、相手は攻めてくる。
攻めれば、相手はたじろぐ。

今年度のはじめ、4月の学校経営方針で次のように言いました。

私は今年度、おでこに「きょう」の文字を貼り付けて教育活動をおこないます、と。

先生方は「教育」の「教」と思っていたようですが、私は「狂」のつもりでした。

元中学校の教頭先生だった人権推進の大南先生が後で聞いてこられました。

「校長先生、ひとつ聞いていいですか。公立の学校でそんなＴＯＳＳという一団体を全面的に押し出すって、できるんですか。いいんですか」「いいんです。法的に問題はありません。ただ、だいぶ前に新聞で問題になった○○小学校のようなことは起こり得ます。○○方式を全校が採用し、教科書を使わずに授業し、保護者からクレームが来た例です。ですから、少しは配慮が要ります。子どもにとって、校長がこれはと思うのを推薦するのは問題ありません」


後日、次の文書を先生方に提示しました。

ＴＯＳＳについてのメモ
☆ＴＯＳＳは矛盾しています。
　ＴＯＳＳは矛盾しています。

ＴＯＳＳは矛盾を抱えていると言った方が正確でしょう。

その矛盾はＴＯＳＳという組織にも、個人個人にも存在します。
☆ＴＯＳＳの基本理念は次のとおり
　まず、「多様性の原則」：教育技術はさまざまである。できるだけ多くの方法をとりあげる。

次が「連続性の原則」：完成された教育技術は存在しない。常に検討・修正の対象とされる。

3つめが「実証性の原則」：論文は教材・発問・指示・結果を明示した記録を根拠とする。

最後が「主体性の原則」：多くの技術から、自分の学級に適した方法を選択するのは教師自身である。
☆私が、「山の辺小学校はTOSSでいく」と言った時、先生方は拒否反応を示されました。TOSSと聞いて「向山型」でいくのかよ、というムッとした空気が流れたのを覚えています。池波先生が「僕はTOSSではありません。TOSSではやりません。なんで、全体がTOSSでやらんなあかんのですか」と不服を言われました。私の返答は、「いろいろやって来ました。前の学校では自分の道を究めよと先生方に言いました。それでどうだったのか。うまくいったのか。私はうまくいったとは思えませんでした。理科なら科教協も仮説実験授業もあります。数学なら数教協もあります。でも、TOSS以外に、すべてを含んだものはありません。TOSSはほとんどすべてを含んでいます。賛成反対別にして、TOSSで、というのはそういうことなのです」。どうもすっきりしない返答しかできませんでした。池波先生や他の先生も釈然としない感じでした。先生方が思っておられるのは、TOSSでいくというと、きっと「向山型」でいくという型にはまった指導法をしろということだと受け取られたように思います。
☆TOSSが大切にしているのは、子どもの事実のみです。「向山型」を大切にしているのではありません。子どもの分かったという事実が大切であり、子どもの笑顔が増えるという事実が大切であり、生きていく気力がわくという事実こそが大切であります。「向山型」でそれが実現できないのであれば、「向山型」が悪いか、運用が悪いか、両方ともよくないのかのどれかです。子どもの望ましい変容が生まれる事実こそを大切にします。その変容が「向山型」以外のやり方で生まれたのなら、すばらしいことです。その方法のほうが、その学級では優れていると評価できます。

☆ＴＯＳＳ以外の方法でおこなってはいけないのですか、と問われます。
私の答えは次のとおりです。

「向山型」あるいはＴＯＳＳ流でなくても、もちろん構いません。しかし、「向山型」あるいはＴＯＳＳ流の先行実践があるのならば、必ず一度は目を通して検討してください。約束してください。必ず先行実践に当たってください。それが「山の辺小がＴＯＳＳでいく」という意味です。ですから、検討の結果、自己流でやる、あるいは極地研でいく、あるいはそれらをミックスしてする、となっても一向に構わないのです。やっぱり仮説実験授業でする、となっても一向に構わないのです。

☆ここで矛盾が露わになってきます。
言っていること（基本理念４つ）と、していることが違うじゃないか。ＴＯＳＳに参加している先生は、みんな「向山型」一辺倒ではないですか。他を認めようとしないではありませんか。ここに「多様性の原則」「連続性の原則」とＴＯＳＳ教師との間に矛盾が生じます。「多様性」と謳いながら、向山一辺倒ではないか。おかしいではないか、と。どうしてこんなことになるのでしょうか。それは、実際上は別にして、向山実践が他を圧倒しているとＴＯＳＳ教師が感じているからです。そう感じることが妥当かどうかは別にしてです。

☆矛盾をはらみつつも大切なことは、教師自身の「腹の底からの実感」です。
子どもたちに手応えのある向上的な変容が見られるのならば、それは優れているのです。誰が何と言おうともです。２月１日２限目、５年２組に行きました。「うつしまるくん５年の３」という教材の「10分間スピードチェック」をしていました。ずうぅっと声なしでした。これは補教者は楽です。子どもたちも満足です。腹の底からそう思うのです。　長々とすみません。

主張は以上です。

通常学級が一〇クラス。そのうちの7クラスから手が挙がりました。手を挙げなかったクラスの先生3人は、それぞれが3つの分科会の進行役を務めてくれました。

教頭先生はその後変身します。

さすがに、動きが活発になります。カイロを買ってきてくれます。「学校要覧作ります」と告げずに作ってくれます。駐車場を借りてきてくれます。当日の仕事分担（案）を出してくれます。当日の封筒を印刷してくれます。中身を入れてくれます。「狂」が伝染《うつ》ったとは思いません。多分ですが、校長の「狂」に半ばあきらめたのではないでしょうか。でも、ほんとによくやってくれました。有難かったです。

吉永順一先生が「学校づくり講座」で示された文書の一節に、次の走り書きもありました。

学校づくりの視点との関連

◎親方の一時力ぐらいは……

意味はよく分からないのですが、私は勝手に次のように解釈しました。

TOSS教師ならば、一生に一度くらいは「狂」の文字をおでこに貼って、自分が信じることを、火事場の「くそ力」よろしく、夢を追いなされ、と。

＊　＊　＊　＊

結果、最終的には7クラス9名の先生方が手を挙げられた。はっきりと言っておきます。私から「手を挙げなさい」とは一言も言っておりません。9名中9名ともが自分からです。

自分から望んで舞台に立とうと意志したのです。

彼らを私は本当に偉いと思います。「おのおのの教師人生のなかでも、きっと輝きを放つ行為になります」と言っていましたが、まさにそのような行為なのです。

5　神様からの使いがやって来て

向こうの山から神様の使いがやって来ました。お名前を杉谷英広先生、澤田好男先生、小須田恭子先生、沼井梨彩子先生、梶野修次郎先生と言います。

先生方からの拒否反応はちょっと、身にこたえました。向山洋一先生に来てもらっては困るという意見は全く予想外でした。私自身の思考が膠着状態で、晴れ間が見えない状態になりました。

向山先生が「行くように、調整するよ」と言ってくださっている。それを拒否する。?が頭の中の大部分を占領した状態でした。しばらくは、先生方が何を言っているのか理解できませんでした。講師として、あるいは来賓として来ていただくことに対する拒否でした。

杉谷先生の笑顔が見えました。

「阪部センセイ、すごいですねえ」満面の笑顔が迫ってきます。

すべて前向きの、まるで向山先生が乗り移ったかのようなテンションです。

事態の分析と解法も見事なのですが、それ以上にプラスの波動が私を揺さぶって、晴れ間が見える状態にしてくださいました。


「阪部先生、斎藤喜博の島小がベースにありますね」

「開催できない要素なんかひとつもないじゃないですか」

「向山先生はすべてお見通しですって」

「関西ではじめてになりますね」

「どうして山の辺小学校に行きますとおっしゃられたのか、みなさんわかりますか。TOSS弁護士団のくだりでの発言なんですよ。苦しんでいる学校・職員・校長先生へのエールなんですよ」


12月1日（水）先生方に訴えました。

長く長く訴えました。

次の箇所は、深呼吸してから申しました。

向山先生が、もしも、もしも、山の辺小学校の先生方の授業に関して、気を削ぐような発言をなされたなら、私はTOSSをやめます。

会議室が静まりかえりました。

向山先生には一般で参加いただきます。

校長室は「来賓室」と表示します。そこは、ご自分が来賓だと思われた方が入られます。発言されるとしたら、先生方がさらに元気になる、先生方が子どものためにさらに向上しようという思いになる、そのような中身になります。

向山先生は来ないでいただきたいなどとおっしゃらないでください。（後略）

こんなに長くしゃべったのは初めてでした。

開催までの平成22年度の流れ

年月	摘要	公開授業実施クラス（授業者人数）
平成22年4月	転勤者に「教育課程編成会議で決まったこと」の冊子を渡し、目を通しておくよう指示	
9月	教務部会で提案（全面拒否） 教務部会＝校長・教頭・教務部３名｛1名欠席｝の計４名の会	1クラス（1人）
10月	27日職員会議（賛成1名＝梶野修次郎先生）	1クラス（1人）
11月	企画委員会（賛成1名・反対多数） 26日杉谷歓談	1クラス（1人）
12月	1日職員会議（賛成7・反対7・中間7） 8日杉谷歓談　22日山の辺小学校忘年会	4クラス（4人） 22日に7クラス（9人）
平成23年1月	12日市人教発表リハーサル　19日市人教発表当日 21日学校保健委員会	7クラス（9人）
2月	10日開催実施	7クラス（9人）

6　谷・松藤両先生への手紙

天理市立山の辺小学校　阪部　保

⑴先日はぶしつけなお願いごとを聞いてくださって、ありがとうございます。2月10日（木）空いていたことに感謝しています。

⑵5時間目の授業参観（13：05～13：50）について

☆本校教師の授業は次の7教室です。

☆1の2　3の1　4の1　5の1　5の2　6の1　6の2

☆松藤先生には低中学年（1～4年）を重点的に。谷先生には高学年（5・6年）を重点的に見ていただいてはどうかと思っています。

⑶6時間目の授業（14：00～14：45）について

☆谷先生：6年1組の予定。（男子10名女子11名　計21名）

松藤先生：2年1組の予定（男子10名女子11名　計21名）

☆6年1組の5時間目は本校教師の公開授業です。算数「比例」の授業です。3名の先生が授業します。担任が1人、人権教育推進担当が2人、合計3名です。変則的なのには訳があります。この学年はずっとまともに授業が成立しない状態でした。6年になってもその状態が続いています。担任の指示が通りません。人推の先生が中心になって、この「3人授業」を11月から始めました（詳しくは口頭で）。

☆その後の6時間目が谷先生の公開授業です。6の1の子どもたちは連続して公開授業を受けることになります。

☆教材：教科書教材または教科書教材に準ずるもので授業していただきたいと希望しております。投げ込み教材だと子どもは興味を引かれてうまく授業が成立するだろう、そうではなくて教科書教材で、子どもたちを巻き込む授業を見せていただきたい、と希望しています。何だかいじわるなお願いで申し訳ありません。

☆教科は何でも構いません。どうぞよろしくお願いします。

（別紙採択教科書一覧表参照）

⑷分科会（14：55～15：20）について

天理市教育委員会の指導主事が取り仕切ります。

この時間に、次の講評並びに「特別支援教育、医療・教育連携の最先端」についての打ち合わせ等をしていただけたらと思っています。

⑸講評並びに「特別支援教育、医療・教育連携の最先端」（15：30～16：35）について

☆取り仕切りを谷先生にお願いしたいと思っています。

☆講評は松藤先生・谷先生から本校教師の授業に短くコメントいただけたらと思っています。

☆「特別支援教育、医療・教育連携の最先端」についてのメモ

向山洋一先生は本校の事情から一般参加していただいています。

「特別支援教育」について。

本校で一番関心が深いのは、「第4の発達障害」と言われる「反応性愛着障害」対応についてです。児

童養護施設を校区に持っている学校です。因みに児童養護施設の院長は元天理小学校教頭中島道治先生です。

「医療・教育連携の最先端」について。

視知覚認知のトレーニングを、実際に小学1年生に実践している先生が本校におります。フロアーから発言していただくとすると、人的にどのように設定しておくとよろしいでしょうか。(例えば、もしも熊本から椿原先生が来ておられたとすると、発言いただくように前もって言っておく等）お考えのとおりになるよう努めます。

向山洋一先生のお話も是非ともほしいのですが、みんな谷先生の采配に頼るという設定になっておりまして、誠に申し訳ないことです。
(6)研鑽会・懇親会（17：45頃～）計画中です。
(7)前泊はいかがでしょう。
当日の宿泊も手配いたします。

お申し付けください。

平成22年12月29日（水）
奈良県天理市立山の辺小学校

7　粗い役割分担

A　授業づくり

（梶野）教科等研修部・授業者

☆指導案づくり

☆進行役選出

B　冊子づくり

（松山）特別支援教育部

☆冊子づくり

☆袋に日程と校舎案内図を印刷

☆袋詰め

（指導案・案内図・メッセージ紙等）

C　環境

（吉田）人権教育推進部・尾崎さん

☆会場づくり

☆各種表示

（トイレ・講師控え室・駐車場案内等）

☆マイク・パソコン等準備

☆下校指導　☆救急　☆写真

☆チャイム　☆ストーブ

D　外部

（教頭）教務部・巽さん・宮西さん

☆参加者名簿作成

☆参加者との連絡

☆駐車場確保

☆山小への案内図作成

☆時刻調べ　☆当日受付　☆講師湯茶

しない仕事

①特別の大掃除
②花の飾り付け
③スリッパの用意（各自持参）
④駐車場案内はＰＴＡに頼む（予定）
⑤講師以外の来賓接待
⑥大きな看板づくり
⑦授業記録をとる
⑧分科会内容まとめ
⑨研究紀要作り
⑩実践記録作り

その他のことについては、誠心誠意接待する。

Column

モンスターペアレンツ対応心得その3

怒りが大きい時ほど上品に。

はらわたが煮えくりかえるほど、腹立たしいときほど丁寧に、「です」「ます」をつけて応答する。

第五章

夢叶う
山の辺小学校自主公開授業発表会

平成23年2月10日（木）

いよいよ我が師
向山洋一先生登場

つかの間の冬の晴れ間。

一台のタクシーが止まった。

まっ黒い帽子をかぶられた向山洋一先生がゆっくりと降りてこられた。

黒ずくめの出で立ちの存在感は、映画『スケアクロウ』の俳優ジーン・ハックマンを連想させた。

後ろには師尾喜代子先生。

ぶ厚い向山先生の右の掌が差し出された。

「きたよ」っておっしゃられた。

直立の私はその分厚い掌を握った。

私の隣のＰＴＡ会長と会話されたあと、少し上向きに私の学校の全景を見てくださった。

そして、全体会場となる体育館に向かわれた。

私は、校舎とその大きな背中を、シャッターを押すためにカメラのアングルを探しているような奇妙な感覚で眺めていた。

そうだ、私の勤める学校に向山洋一先生がいらっしゃったのだ。

平成23年2月10日（木）奈良県天理市立山の辺小学校に。


その日だけが晴天だった。

次の日、建国記念の日は大雪だった。奈良の積雪11センチメートル。記録的積雪だった。

交通機関は乱れに乱れた。

1日違えば、富山や鳥取からはきっと来ていただけなかったことだろう。

幸運であった。

全体会場に用意した大型ストーブは少しの活躍をしただけだった。

めいめいの袋に入れておいたミニ懐炉もほんの少し仕事をするだけでよかった。

向山洋一先生が我が校に来てくださったのは、そんな一日だった。

1　公開授業1始まる

当日、次の文章でお迎えした。

ご参加の皆様へ

山の辺小学校自主公開授業発表会にご参加いただき、ありがとうございます。

子どもたちに「学習発表会」があるように教師の世界にも「授業発表会」があると考え、本発表会を発信しました。

通常は「研究会」と銘打つところをあえて「発表会」としました。子どもたちの「学習発表会」でも、終わった後は「頑張って発表したね」という労《ねぎら》い、「あそこのところは特によかったよ」という励まし、「でもあの辺りはこうしたらよかったんじゃないの」という叱咤があります。本発表会でも同様の叱咤激励をいただければ本望でございます。

指導案の形式も通常とは異なっているかもしれません。「本時を成立させる、という目的を達成させるため」の指導案です。

「黄金の3日間」という言葉がございます。子どもの側から言えば、新しい学年になる時、新しい先生のお手並み拝見「3日間だけは目をつぶっといてやるよ」ということかも知れません。我が校は「黄金の3日間」と思ってはいけないと思っております。場合によれば「黄金の3秒間」です。極端に言いますと「黄金のマイナス3日間」と心せよと思っております。指導案の形式もその考えからのものです。指導計画を省いたものがあるのはそのためです。もとよりベストとは思っておりません。「指導について」の4項目は、千葉の高浜第一小学校元校長根本正雄先生のお考えをいただきました。

10月27日（水）に「自主公開授業をする」と決めてから、様々なことがありました。タイガーマスクが登場し、しばらくして再登場するといったこともございました。子どもたちの可変性には心底驚かされます。物音《おと》もなく個人も集団も変わりうるものだ、という思いを強く持ちました。願わくば、望ましい方向に。それを意図的、計画的に作り出すことが教育の醍醐味だと思うのですが、なかなかそうもいきません。必死になって取り組み、格闘しながら毎日を過ごし、少しもすすまぬことを嘆きつつも、その営みを放棄せずにここまで、というのが正直なところです。

一地方の何の提案もない公立の小学校に多数お見えくださったことに感謝いたします。後援、助言くださった天理市教育委員会にお礼申し上げます。共に教育の道をすすみましょう。ありがとうございました。

平成23（2011）年2月10日（木）天理市立山の辺小学校一同

日程
受付　12：30～12：50
日程説明　12：50～13：00

公開授業1　13：05〜13：50
1年2組（国語）　3年1組（道徳）
4年1組（国語）　5年1組（国語）
5年2組（国語・当日総合に変更）　6年1組（算数）
6年2組（総合的な学習の時間）
※各教室

公開授業2　14：00〜14：45
2年1組（国語）松藤　司　先生　多目的室
6年1組（社会）谷　和樹　先生　音楽室

研究協議　14：55〜15：20
1・3・4年授業の研究協議　音楽室
天理市教育委員会指導主事　島　晶子先生
5年授業の研究協議　多目的室
天理市教育委員会主幹　北村　均先生
6年授業の研究協議　家庭科室
天理市教育委員会指導主事　克美　茂先生

全体会　15：30〜16：35　体育館
「特別支援教育・医療と教育連携の最前線」
玉川大学教職大学院准教授　谷　和樹先生

皇學館大学非常勤講師　松藤　司先生

お礼の言葉　　天理市立山の辺小学校長　阪部　保

公開授業1

学級	授業者	教科	単元名
1年2組	峯山ゆか	国語科	「じゃんけん」
3年1組	高倉裕介	道徳	「ブラッドレーのせいきゅう書」
4年1組	梶野修次郎	国語科	「ごんぎつね」
5年1組	木本和幸	国語科	「インスタント食品とわたしたちの生活」
5年2組	池波健志郎	総合的な学習	「はやぶさの大冒険」
6年1組	中林順・伊勢和彦・前田まり子	算数科	「比例」
6年2組	淀川一輝	総合的な学習	「私と20人（22人）の軌跡、そして未来へ」

指導についての4項目は次のとおり。

①マネージメントについて

②組み立てについて

③出来るようにする手立て

④予想される児童の反応と対応

元々、根本正雄元校長先生が提唱されていた4項目は次のとおりである。
①マネージメントの指導技術　②組み立ての指導技術　③できるようにする指導技術　④対応の指導技術
ここでは、典型として、ある学級の「指導について」を載せる。

指導について
①マネージメントについて
　この学年は数年、落ち着きのない状態が続いた。指導しても指導してもその成果が見えにくい集団であった。保護者と学校とのトラブルが長く尾を引いた。児童養護施設に措置され本校に通う児童の中でも、虐待やネグレクト等の厳しい生活環境を背負い、大人不信に陥っている子が多い。教員の指導が体罰として問題になり、保護者と児童、職員の信頼関係を結びきれなかった。等々の複数の原因が絡み合っている。

　そのようなひずみは、騒乱状態の授業、学習拒否、教員に対する暴言、遊び半分の給食時間、まったく活動しようとしない清掃時間等として表れた。そのような状態が当たり前のものとして、児童の感覚にすり込まれていった。

　学力は極端な二極化を示した。受験グループと勉強しないグループがはっきりとし、そのどちらもが学校の授業に期待しなくなった。学級集団としてのまとまろうとする意識も低くなり、小グループ同士のもめ事が頻繁に起こった。ゆえに児童と教員が信頼し合える授業を作り出すことを目指し、3人体制の算数授業の実施に踏み切った。

　3人が共に授業者として話し合い、授業を考え、授業をおこなう。それぞれが少人数のグループを担当し、児童を励まし認める。そのような授業を3ヶ月前から始めている。苦手意識を持つ子が多い算数授業。立ち歩いたり、雑談したり、内職が目立つ算数授業。それらを払拭すべく、3人体制の算数授業が成立することをきっかけとして、一点突破全面展開になることを願っている。

②組み立てについて

プリントを活用して授業を進める。授業前半は、教科書の単元1時間分を3枚のプリントを使って説明する。後半は基礎力アップププリントで個人の習熟度に合わせながら計算練習を中心に復習し、基礎力の充実をはかる。基礎力アップププリントは常時20種類以上用意し、子どもたちが自分でプリントを選択する。

③できるようにする手立て（☆：日頃の手立て、〇：本時の手立て）

☆毎回、授業の最初に授業の目標と流れを確認する。

☆時間を区切ってプリント学習に取り組むことで、集中力の持続をはかる。また、それが他分野にも適用できるよう努力させる。

☆できるようになったよろこびを実感させて自ら学ぼうとする意欲を高め、すべての児童に高校進学を一つの進路選択肢として持つことができる学力をつけていこうと言い続ける。

〇授業者3人が児童に全体的・個別的に声かけをし、児童の集中力を持続させる。

〇基礎力アップププリントで繰り返し計算問題を練習して基礎学力をつける。

④予想される児童の反応とその対応

数人の児童は、途中で集中力が持続しないことが考えられる。背中に手をあて、あたたかい声をかけるようにする。参観者にも声かけがいただける工夫をする。

2　長崎の伴一孝先生の感想・意見

阪部校長先生の学校の公開発表会を拝見したく、馳せ参じました。来て良かったです。とても勉強になりました。

峯山先生：指示がさわやかで、はっきりとしていました。

高倉先生：ディスプレイの使い方がすばらしかったです。

梶野先生：クラスの子がのびのび発表していて、迫力がありました。

木本先生：子どもたちが落ち着いて学習を進めていました。

中林先生・伊勢先生・前田先生：提示物が工夫されて分かり易かったです。

淀川先生：この時期の6年生にピッタリの授業、ひきつけられました。

池波先生：本年度絶対に扱いたかった授業です。画像がきっと凄かったと思います。

お一人お一人の先生方がとても熱心で向上心を持っておられることが伝わってきました。

どの子たちも可愛く、素直でした。

校舎の中で出会う子たちが大きな声であいさつしてくれました。

日頃の先生方の指導の素晴らしさを感じます。

良い学校で、良い先生方に教えを受けて、山の辺の子どもたちは幸せですね。

本当に良い学校を見せていただきました。ありがとうございました。感謝しています。

3　公開授業2から学ぶ

学級	授業者	教科	単元名
2年1組	松藤　司	国語科	「言葉で遊ぼう」新教科書平成23年度版 光村教育図書二年下107ページ
6年1組	谷　和樹	社会科	尖閣諸島

松藤授業の真髄～立ち歩く被虐待児～

松藤先生はずっと笑顔だった

授業をしていただくに当たって、山の辺小学校が要求した課題は実に過酷なものだった。

①10クラス中、最も荒れているクラスでおこなっていただきます。

②教材は、投げ込み教材をお避けください。教科書教材もしくは教科書に準じたものでおこなっていただきます。

③特別教室で実施。松藤先生は多目的室。子どもたちはほとんど入ったことがない教室。上靴を脱いで入る部屋。黒板が中央で左右に分かれる仕様。後ろ半分はコンピューター室で間仕切りを取り払って参観者が入るという設定です。

松藤先生は「言葉で遊ぼう」新教科書平成23年度版光村教育図書二年下１０７ページを選ばれた。投げ込み教材ではなく、新教科書から選んでいただいた。指導案は4枚にわたるものだった。

授業成立が困難なクラス。立ち歩く男の子。飛び込み授業という条件下で、立ち歩く男の子をどう扱えというのか。

T君は始終手足が動く。後ろを見る。横を見る。体全体がしきりに動く。ついに23分で立ち上がる。立ち歩く。教卓の所に行く。下にもぐる。窓際のカーテンに近づきくるまってしまう。

N君は勝手しゃべりである。「おい、見してくれ」「書かんなんやろ」「おしくない、おかしい」どちらの子にも、普通ならば叱責することになるだろう。

「座りなさい」「静かにしなさい」

松藤先生は動じない。

「セロトニン5」の対応を終始続けられた。見つめる。ほほえむ。話す。触れる。褒める。主に、見つめるとほほえむ、そして話す、だ。

あの場面、T君なら立っていくはずだ、という箇所がある。「そのこ　のそのそ」を実演する場面である。その時、T君を踏みとどまらせたのは、何か。それは、松藤先生のセロトニンではないか。

被虐待児は必ず挑発する。挑発については天才的だ。相手が怒るように怒るように挑発し行動する。その挑発に乗った途端、信じられない事態になる。その点は発達障害の場合とは異なる。

発達障害の場合：不適切行為はその場で指導する。
虐待の場合：右の通りに指導すると、問題行動はエスカレートし、場合によっては、教師の体罰につながる。

山の辺小学校4年間の苦闘から得たひとつの結論である。いくら強調しても、し足りないくらいの真実である。
松藤先生はそのことをきちんと踏まえてくださった。

もうひとつ、次の点も見ていただきたい。
立ち歩きのT君にしても、勝手しゃべりのN君にしても、決して授業からは離れていないのである。N君の発言「たけのこやんか」「そのこのそのそ。意味わかんねえよ」など。
叱って良いことは何もない。
松藤先生はずっと笑顔だった。

ことこ

このこのこのこ
どこのこのこのこ
このこのこののこ
たけのこきれぬ

そのこのそのそ
そこのけそのこ
そのこのそのおの
きのこもきれぬ

（谷川俊太郎作）

【奈良県天理市立山の辺小学校での飛び入り授業】

国語科学習指導案　指導者　松藤司（皇學館大学非常勤講師）

1　日時　平成23年2月10日（木）第6校時（14：00～14：45）

2　場所　第2学年1組教室（実際には多目的室に変更になった）

3　学年・組　第2学年1組　男12　女9　計21

4　研究主題　ひとりひとりが十分に力をつけることができる授業の研究

—だれもほったらかさない授業—

5　副主題　「言語力」を育成する

6　使用教科書　平成23年度光村教育図書二年上（新教科書）

7　単元　ことばであそぼう（107ページ）

8　副主題についての私見

言語力とは、言語を用いて思考し、その思考した内容を正確に伝達する能力（ウィキペディア）のことである。

人間は言葉を使って思考する。感情は言葉なしでも可能であるが、思考は言葉なしでは不可能である。高度な思考ができるためには豊富な語彙が必要である。教科書だけでは語彙を増やすのは難しい。年間を通した読書活動が必要である。

また、新学習指導要領の「読む」では、今まで一番下に置かれていた音読が一番上に置かれるようになった。音読を重視していることがわかる。

次に思考したことを人にわかりやすく伝達するためには「書く」という作業が必要である。「書く」とは思考したことを構築する作業でもある。思考したことを相手にわかりやすく伝達するためには、内容を落とさないで簡潔な文章を書く必要がある。そのためには作文技術が必要になる。

人間は体験したことを基にして思考する。したがって体験を増やす必要がある。体験には、実際に体を使っての直接体験だけでなく、新聞やニュース、本、インターネットで入手する間接体験も入る。したがって、情報を得るための取材、編集もまた必要な学習となる。

要するに教科書に載っている内容を計画的に学習することが、言語力を育成することになると言える。

9　研究主題と教材との関連図（126ページ）

10　教材の提示方法

教材の提示には2つの方法が考えられる。

ひとつは教材全体を先に示す方法である。これはプリントに印刷して提示する方法、教師が板書する方法、模造紙のような大きな紙に書いて提示する方法、パソコンを使ってプロジェクターで提示する方法がある。

もうひとつは1行ずつ示す方法である。こちらも板書、模造紙、パソコンという方法が考えられる。子

松藤司先生の飛び込み授業

どもたちは1行ずつノートに写すことになる。

当然、その後の展開も変わる。前者では前半は音読になる。すらすら音読できるまで練習する。その後、詩の全体的な特徴を見つける活動になり、最後に意味を考える学習へと続く。

教材をプリントで提示するのでノートに視写する必要はない。その分、時間が余るので暗唱する時間を確保できる。

しかし、全文を提示して混乱しないだろうか。言葉遊びではあるが、内容がわからなければ意味がない。内容理解を後回しにして子どもたちは音読を続けるだろうか。特に発達障がいの子は続けられるだろうか。また、情報が多くないだろうか。しかも意味がわからない。発達障がいの子どもの中にはパニックになる子はいないだろうか。

1行ずつ提示する後者では、1行音読して意味を考える。この方法は意味がわかってから次に進むことになるから混乱は少ないだろう。

だが、1行ずつ同じようにやるので飽きるだろう。リズム・テンポが悪くなるだろう。遊び出す子どももでてくるだろう。

これを防ぐためには1連と2連のやり方を変える方法がある。

例えば、1連は1行ずつ音読しながら意味を考える。これを繰り返す。2連は1連で学習したことを使って自力で意味を考える。そしてノートに意味を書く。

考えた意味をみんなの前で発表する。どれくらいの子が書けるだろうか心配もある。この方法を取るにも、最後は全員で考える発問がほしい。

1連（教師と子ども）→2連（子ども）→全体発問

という流れになる。

考えていてもしかたがない。2つの方法で実際に2年生に授業してみて決めよう。

私の勤務する小学校の2年生2クラス（2組と3組）で授業をした。

2組は23人、3組は26人であった。2組では前者、3組では後者の方法をとった。

2組での授業……2連の途中で3人の子が飽きだした。なんとか最後までやることができたが、やはり同じテンポでは飽きることがわかった。反応はとてもよかった。音読がなかなかうまくならなかった。区切るところを教えたが。「こ」「そ」「の」が多く、区切るところがわかりにくそうだった。

3組での授業……2連を全文提示したので、最後まで飽きるということはなかった。

このクラスの担任は礼儀作法に厳しいこともあってか、子どもの反応が鈍かった。だから、

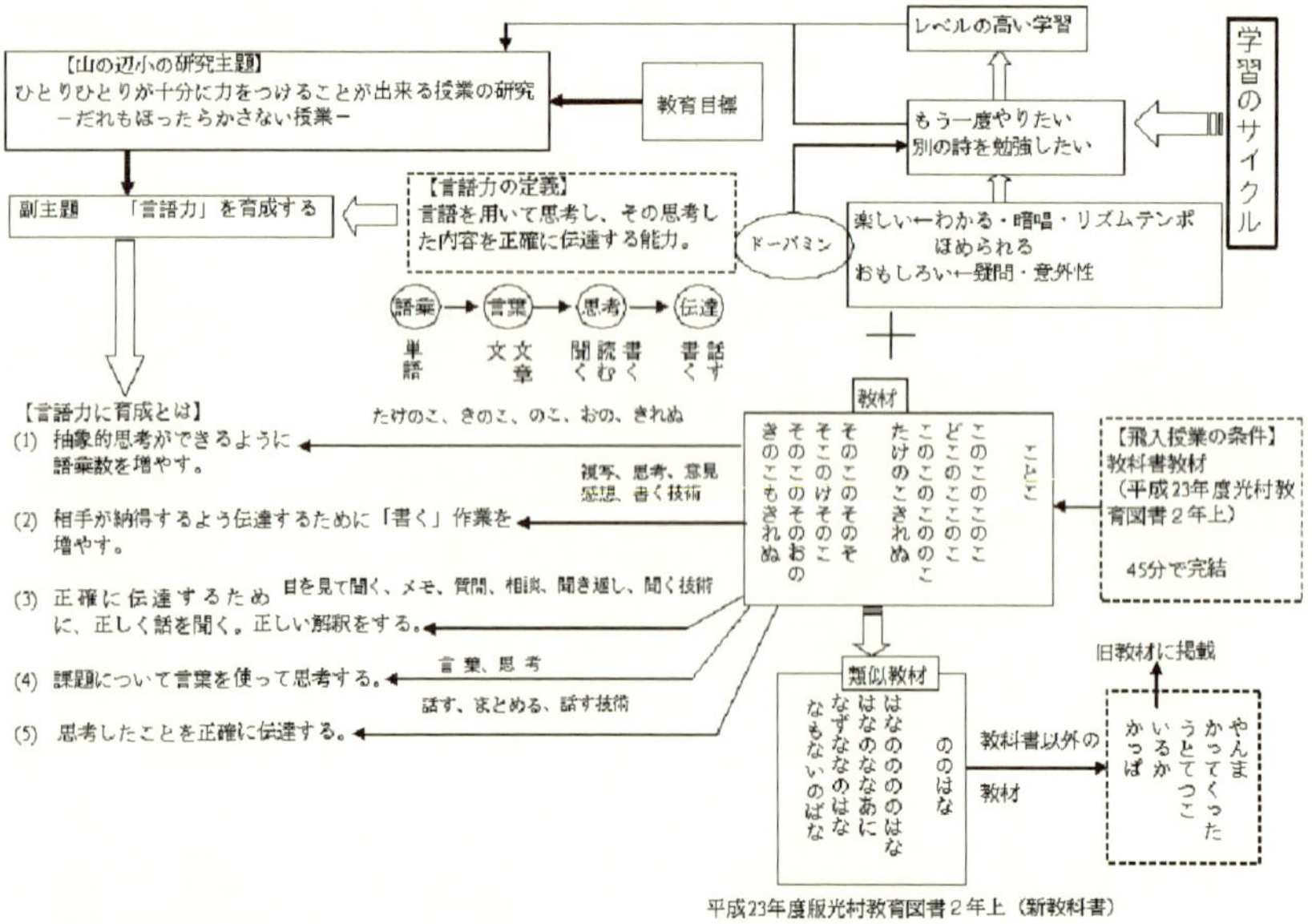

研究主題と教材との関連図

隣同士の話し合い、教え合い、読み合いを多くした。「のこぎり」「たけのこ」「おの」「きのこ」の写真を用意し提示した。知らない子もいた。音読を評定したのでかなりうまくなった。1連の「たけのこ」2連の「きのこ」は伏せてだした。よく考えていた。

2クラスとも連ごとに視写させた。2クラスとも書くのがかなり大変だった。

1行空き、題名の1ます空き、文字の間違いが目立った。山の辺小ではどうするか考え中である。
11　本時の目標
ことばあそび「ことこ」の意味を考え、音読の楽しさを味わわせる。
12　本時の展開（略）
【準備する物】1、写真（のこぎり、たけのこ、おの、きのこ）

（「本時の展開」は略。TOSS大和からでている「奈良・山の辺小学校公開発表会実況冊子」に掲載されています。編集：梶野修次郎）

谷マジックの秘密～黄金のマイナス50分～

授業開始。

子どもたちとの間につばぜり合いの火花が散った。

あがるあがる、どでかい花火。

まず第一のどでかい花火。いきなりです。手なんか挙げるもんかという子がいるのです。

谷：スマートボードを指さして「尖閣諸島」読んでみて。
せんかくしょとう（声が揃わず、テンポが遅い）
谷：声を揃えて読める？　ムリ？「せんかくしょとう」さん、はい。
せんかくしょとう。
谷：よっしゃ、うまい。尖閣諸島ね。聞いたことのある人。
はーい。
谷：聞いたことない人。
はーい。（挙げるもんかという子らが存在している）
谷：今、手挙げなかった人。（あくまでも、谷先生は笑顔である）聞いたことあるか。
聞いたことないか、どっちかだよ。聞いたことある人。
はーい。
谷：聞いたことない人。
はーい。
谷：今、手挙げなかった人。
はーい。（爆笑）
谷：（近づきながら）H君。まあ、どっちかと言えば聞いたことない気がする？
いや。
谷：ある気がする？

いや。

「尖閣諸島」聞いたことがあるか、ないかという問いかけに手を挙げないH君がいる。それも2回尋ねられて、2回とも挙げないのである。

「手を挙げなかった人」には、しかし、はーいと言って、手を挙げている。明らかに谷先生への宣戦布告である。

谷先生は近づき、H君だけに尋ねる。

聞いたことない気がする？　いや。と、あいまいでいやらしい返答を首をかしげながらする。

聞いたことある気がする？　いや、と、これまた、はぐらかすような、何とでもとれる返答をまた、首をかしげながらする。

授業開始わずか39秒である。

H君はまだ、手を挙げたことにはなっていない。

谷先生はこの後、どうされたか。

手を挙げさせることにこだわらずに授業を進められたのだろうか。

貴方ならどうされるか。

日頃の実践と照らし合わせて、お考えください。

予想してから、続きをお読みください。私には、子どものこのような反応を、あらかじめ予想してこんな対応をとられたとは到底思えない。瞬間の判断だろうと思う。

谷：ある気もするし、ない気もする。わかった、わかった。じゃあ、H君のためだ。
谷：聞いたことある人。
（反応なし）
谷：（再度）尖閣諸島って聞いたことある人。
（子どもら、黙って手を挙げる）
谷：聞いたことない人。
はーい。（先ほど手を挙げなかった子らが手を挙げる）

谷：聞いたことあるような、ないような気がする人。

（H君が手を挙げる）
谷：よしよし。今、手を挙げなかった人。
はーい。（別の一人が手を挙げる）
谷：（笑いながら）おまえは何なんだ。（近づきながら）どっち？
えっ。聞いたことあります。
谷：聞いたことあるのね。

第一の花火。谷先生の勝利。

「H君のため」に特別の選択肢をつくり、再再度尋ねているのである。

「聞いたことあるような、ないような気がする人」という摩訶不思議な選択肢を作ってである。

そうして、H君を授業に参加させた。

これで、以後は谷先生の指示に従うようになったのである、とは、なかなかいかないのである。さて、続く。


第二の花火。続けて、場所はどこかの問い。

A（北海道付近）、B（島根～日本海～韓国）、C（九州～台湾付近）のどれかという問い。
谷：Aに近い、Bに近い、Cに近い？
谷：絶対3つのどれかに、手、挙げるんだぞ。どっかに手挙げるんだぞ。
谷：Aに近いと思う人？　Bに近いと思う人？　Cに近いと思う人？　手、挙げなかった人？（やはり、いる）
（中略）
谷：全員起立。
Aに近いんじゃないかなと思う人、着席。
Bに近いんじゃないかなと思う人、着席。

Cに近いんじゃないかなと思う人、着席。(まだ、3人が立ったまま)
谷：AかBかCか、どれか、あてずっぽうでいいです。
Dです。
谷：どこですか？
Dです。
谷：Dです？（笑顔のまま）AかBかCです。
じゃあ、Zです。
谷：それもありません。（笑顔で）
じゃあおれ、Bに、しよう。（座る）
谷：Bですか。
じゃあ、おれCにする。（別の子も座る）
谷：（H君に発言をうながして）
じゃあ、おれ、んん……島根。
谷：島根ということは、A、B、Cのどれですか。
どれっ。Cにしとくわ。（座る）
谷：島根ならBだろう。（笑い）
谷：島根ならBだと思うけどな。
谷：あのね、たぶんH君が島根と言ったのはとてもいい意見で、それは竹島という所が近いからです。

谷和樹先生の飛び込み授業

第二の花火も谷先生の勝利。二重の意味で勝利。第二戦はH君をほめて締めくくっておられます。私は奇跡だと思いました。

続いて「魚釣島」の学習に移ります。

「うおつりじま」を漢字でノートに書きなさいという指示ではH君らもぶつぶつ言いながらも、素直に従っている。授業開始4分5秒である。


以下略す。（「奈良・山の辺小学校公開発表会実況冊子」がＴＯＳＳ大和からでています。）


なぜこんなことができたのか。

子どもの心を掴《つか》む。

谷先生は1時間早く見えられた。6の1の4時間目の社会科授業を参観するためである。

そのことを聞いたＴＯＳＳ大和の丸山美香先生も谷先生と一緒にクラスに入られて参観された。

その丸山先生のダイアリーから引いてみる。


4限授業終了後、谷先生は子どもたちの中に入って行かれた。

私が最も気になってた2人の男の子がいたグループだ。

しかし、これまた私は長居をするのが気が引けた。

私は廊下から、締め切られた扉のガラス越しに谷先生と子どもたちの表情を伺うしかなかった。

谷先生が一言おっしゃるたびに反応する子どもたち。

逆光からでも驚いている様子がわかる。

いったい何を話してらっしゃるのだろう。

気になって気になって仕方がない。

宝物を見逃すような気持ちにとらわれながら、階下に降りていった。

同じように一階に降りてらした阪部校長に、

「谷先生と子どもたち、何してらっしゃいましたか?」と尋ねた。

すると阪部先生は「ぼくも子どもたちに、『先生、出てって』っておいだされちゃったんですよ」

と返された。

ますます6年生教室が気になり、今すぐ飛んでいきたい気持ちに駆られた。

さて、問題です。
授業終了後、谷先生と子どもたちは何をしていたのでしょう。
ヒント1:「谷先生が一言おっしゃるたびに反応する子どもたち」
ヒント2:逆光からでも驚いている様子がわかる
答えはこれまた、丸山先生のダイアリーから引いてみる。
丸山:「感想よりも、谷先生に質問があります!」
いきなりこれである。

私の品性のなさったら…

「今日の公開授業の前、午前中に谷先生は6年生の授業を参観されました。

授業の後で子どもたちと会話をなさっていましたが、

残念ながら私たち大人は閉め出されていました。

あの空白の5分間で、谷先生は何を話されていたのですか」

谷先生は即座に答えてくださった。

「TOSSの先生ならよくご存じでしょうが、子どもたちの名前を覚えていって、誰々、誰々、ってあてていったんです」

(内容は大旨このようなもの)

だから子どもたちは驚いていたんだ。

自分のことを知るはずないのに名前をあてられると、子どもって素を見せるものな。

谷先生のダイアリーから

休み時間の子どもたちとの会話、楽しかったですよ。

K君は、「色紙」を持ってきて「サインして」と頼まれました。

K君にサインしていると、主に女の子たちが集まってきて、楽しく会話しました。

にしださん、ふくいさん、けたやまさん、なかたにさん……

私が次々に名前を呼ぶので、子どもたちはびっくりしていました。

そして公開授業。ここでも驚くべきことがあった。ここはいつもの教室ではない。音楽室なのだ。

授業開始まで5～6分あった。全体を見渡され、空いてる前の席を指して、「安本さん来るの?」と近くの女の子に聞かれた。静かな一瞬だったが、実名で呼ばれていた。本人がまだ来ていないのに、つまり、顔も分からないのに、安本さんは、と実名で尋ねておられた。

授業開始前の5～6分の会話は主に次の3つだった。

①好きな教科は　②何県から来られたのか　③谷先生の年齢は

谷マジックともいうべき状況実現は、実はその50分前から始められていたのです。黄金のマイナス50分です。

全体会素描

松藤司先生のお話

脳科学の見地から述べます。

三つの脳内伝達物質。

ドーパミン（楽しい）ノルアドレナリン（緊張）セロトニン（癒やし）。

発達臨床家・平山諭先生は「セロトニン5」と言われます。

「見つめる、ほほえむ、話す、触れる、ほめる」

45分の中でこれをどのように自然に使えるようになるのかが問われているのです。

1年の授業：いい表情でした。ドーパミンから言いいますと、ジャンケンをまず実際にやってみることをおすすめします。

3年の授業：10月にみせてもらった時は、発問が雑な感じでしたが、今日は丁寧でした。ノートに書かせる活動がほしいと思いました。

4年の授業：多い参観者の中、騒がしい教室でした。ところが、友達の意見はしっかり聞けていました。私は、高橋さんの意見を採り上げて、しぼりこんでほしいと思いました。

3人の先生が3人とも、良い表情、明るい表情でした。

反応性愛着障害は二つに分けられます。抑制型と脱抑制型です。

どちらにしろ、多くの子が発達障害の様相を呈すと言われています。その彼らに、どのように接すればいいのか。

高橋史朗氏は次のように言います。

日本の伝統的な子育てが一番効果がある。目を見て話す。笑いながらあやす（いないいないばあ）。リズムのある運動をする（たかい、たかい）。

「子育て4訓」という教えも伝わってきています。

一、乳児はしっかり肌を離すな

一、幼児は肌を離せ、手を離すな

一、少年は手を離せ、目を離すな

一、青年は目を離せ、心を離すな

江戸時代の子育ては決して、体罰を容認するような子育てではなかったのです。

日本の伝統的な子育てには、今の若いお母さんお父さんに伝えたい教えが詰まっているのです。

谷先生のお話

一人一人が十分に力をつけることができる授業の研究〜だれもほったらかさない授業〜

次の4つのクラスでも、そのための工夫がそれぞれ見られました。

5の1：どの子も発言させようとする工夫が見られた。

5の2：物を持ち込んで、子どもたちの興味を、さらに引きつけようとする工夫が見てとれた。

6の1：個人差を埋めるための各種のプリント、教材の準備が見られた。子どもたちの進行状態を確かめるために、教師がどのようにチェックをいれるのかについての工夫もあった。

6の2：学級通信を資料にして、子どもたちの振り返りをいきいきとさせる工夫が見られた。子どもたちが全員持っている共通の体験が元になっていますから、子どもたちの発言もより豊かになっていた。

さまざまな事情を抱えた子どもたちがたくさんいる中、どの学年にもいる中で、それぞれ先生方がたいへんよく努力くださっているなと思いました。

そのことを踏まえて、いくつか、どの子も放ったらかさないという観点から申します。

第1に環境の問題です。「教室の前面には情報はできるだけない方がいい」。それは、情報が等価に入ってきてしまうからです。見ようと思わなくともその情報を見てしまう子どもがいるからです。耳からの情報でも同じことが言えます。水槽の音、それをちょっと切ることによって、落ち着く子どもが出てくる、といったことも知っておいていただけるといいのではないかと思います。

2番目。教師の授業技量として基本的なことについては何歳になってもその都度、振り返ってみることが必要です。①声の通り方。雑談ではなく教師の発問・指示として子どもたちの前で話をする時には、明確に通る声で、語尾まではっきりと言わなければ、子どもたちは動かない。このことをあいまいにしてしまうと、教師の指示は当然通りにくくなる。②発問・指示する時は視線が合っていなければ、子どもたちと目を合わせる状態でなければ、当然中に入っていきません。黒板に話しかけるのではなく、子どもたち一人一人に話しかけるという観点を持ち、そのような目で授業研究も見る必要がある。③先生方の表情。やわらかい表情で授業をしてくださっていましたが、もっともっと明るくなってもいいのではないか。

3番目。子どもたちの活動が全員を巻き込む形になっているかどうか。「このことについて、どうですか」と問うて、はい、はい、はい、と手を挙げて、「はい、誰々君」というふうに指名するだけでは、当然、全員は巻き込まれません。手を挙げない子どももいますし、自分のことではないと思っている子どももいるからです。書かせて、書かせたことを確認させ、持ってこさせ、マークをつけてあげ（〇ですね）、そして、ほめて、そのことを列ごとに読ませていく等という活動を随所に採り入れなければ、全員を巻き込んでいくことはできません。

4番目。その活動を変化させる必要がある。例えば、たくさんの資料を次々に提示する場合でも、最初の提示場面では子どもたちに読ませ、次の提示場面では先生の後について読ませ、3つめの資料を提示した時にはそのことを書かせ、4つめには書かせたことを隣同士言わせるというように、同じことを繰り返す場合でも子どもたちの活動を変化させることで、子どもたちは徐々に巻き込まれていきます。授業の初めについてこれなかった子どもたちも、すこしずつ変化してくるのでついてくるのです。

5番目。算数の授業で最も重要なことは、教科書の問題が全部、どの子のノートにも、書かれている、ということです。これは当然、さまざま重難度の子もいますから、わからない問題についても、お友達の答え、お手本を写してもいい、それでもちゃんと書けていればいい。したがって、子どもたちのノートの冊数というのは非常に大事なメルクマーク（指標）になりまして、1年間を通して子どもたちが何冊くらいのノートを使うのか、プリントではなく、ノートを何冊使ったのかということについてもう少し考えることが必要だろうと思います。1冊？　3冊？　4冊くらい？　7冊以上、ですよね。やっぱり7冊以上使っているということでないと、子どもたちの学力は定着していかないのではないか。

そういったことを踏まえた上で、私たちは各地で、専門家、子どもたちの脳にとってどうなのか、子どもたちの発達障害という症状にとってどうなのかということを、専門家である医師と連携していく必要があると思っています。

槇田健校長先生のお話

小児科ドクターの先生方に実際に授業を体験いただき、真の連携を目指していく道筋を作ろうとしているという報告をいただいた。

中島道治院長先生のお話

谷先生。松藤先生。お久しぶりです。

以前、谷先生、松藤先生、向山先生には天理小学校に来ていただいてご指導いただきました。

わたくし、5月1日から院長をさせていただいています。

大変な思いを、山の辺小学校の先生方にはさせております。そのしんどさはよく分かります。今いる子どもたちの70パーセントは虐待で、愛着障害で、脳にいろいろと問題をもった子どもたちです。

その子どもたちをどのように再教育するか。特に前頭前野をしっかりと鍛えねばだめだ、と考えております。朝、6時に子どもたちは起床します。なかなか起きなかったりしたんです。今はきっちり6時に起床します。6時15分にお勤めをさせていただいて、朝食を摂って7時45分に学校に出て行きます。この段階のここで失敗したら、山の辺小学校で絶対まともな授業ができないということは、天理小学校での経験で分かっておりました。その段階をいかに楽しく子どもたちを送り出すか心を配っております。朝の6時から7時40分までは絶対に怒らない・叱らない・怒鳴らない、そして、子どもをほめてほめてほめて、ほめて送り出すということをしております。

子どもたち、何かあるとすぐ切れます。切れないようにしたい、そんな環境に高めていきたいと思っております。一番効果があったのは、次のことです。朝起きたときに、必ず自分の布団をたたむ。一晩自分を守ってくれた、その布団に感謝する。きれいにたたみながら、「ありがとう、ありがとう」とたたむ。パジャマもたたむ。風邪ひかないように守ってくれたパジャマを、ありがとうってたたむ。洗面してみんなが集まる遙拝場に行く。その時に自分が履いてきた靴を、はじめのうちは（手も使わず）ぽーんと放り入れる感じだった。君をここまで運んでくれた靴なんだから、自分の足を守ってくれた、汚さないようにしてくれたので、手で「ありがとう」って入れる。これを徹底しました。その後、食事をとったら、自分の物は洗う。保育所くらいはいいけれど、小学生は洗おうや、としました。それから、ゴミが多かったのをゴミも拾ってくれるようになりました。そういうことの積み重ねで段々段々感情が表に出なくなってきました。というのは、ほめられほめられしたからだと思います。

近畿の方は新聞で見られたと思いますが、伊勢先生が東京の研修で発表され、タイガーマスク現象が施設内で起こったという出来事です。うちの子どもの中の上級生が、小さい2歳から6歳の子のところへ文房具とか自分のお菓子なんかを詰めて置いてくれていた。そんなことが新聞のニュースになったんです。

いや、うれしいな、5人だけじゃなくみんながそんな気持ちになったんだな、とほめたら、次の日もまた、人数が増えて高校生も入って、……けど、ちょっと待って、この施設内でするんやなしに、外に向けて、学校でしてほしい。他人に真実をあげるのは、学校に行ってゴミを拾う、戸をしめる、掲示物をなおすとかそういうことをしてほしいの、と言いましたら、施設内ではおさまりました。

その時、強く感じたのは、殴られ、ののしられ、お前なんか要らないと言われて育った子どもが、すごく荒れていた子どもがそこまで、自分のお菓子を食べないで他人にあげることができるようになった。それは本当に院の中で叱らない怒鳴らないでほめる、そういうことだけじゃなしに、山の辺小学校の先生方が……、校長先生が朝5時半に訪ねてくださって、起きるところからずーと見てくださって、子どもが廊下を歩いてきたら手を振ってくださって、そして、一緒に遙拝場に集まって座って一緒にお勤めしてくださって、子どもが一生懸命やってるのを目の前で見てくださってそして、ほめてくださる。他の先生方も一言一言声をかけてくださる、何か行事があったら声をいっぱいかけてくださる、それから、触れてくださる、その動き一つ一つに目をかけてくださる、その成果が、空っぽのコップにいっぱい思いをもらって、それが溢れ出たのがタイガーマスク現象なんじゃないのかなと感じました。本当にありがとうございます。

特に、松藤先生の授業の中で動いていた子どもなんですが、ずーっと立ってうろうろしてたんですけれども、今日ぼく時計見てたんです。35分。35分間じっとしてたんです。それがまずうれしくてうれしくて帰ったらまた、子どもらに「すっごいなあ」て抱きしめてやりたいなっと、今日は早く帰りたいなっと思っております。

向山洋一先生のお話

テーマに沿って少し話させてください。

阪部校長先生とは、昔っからの研究仲間でして、この会場には昔からいっしょにやった先生で、ずいぶん校長先生になってる方もおられ、みんなむかし、阪部先生と一緒に勉強会をやってきた仲間です。

医療と教育の連携、これは絶対に必要なことです。教師だけではとても無理な問題です。

例えば、生まれてから3歳児検診、あるいは学校入学するときの就学時健康診断、さまざまなそれぞれのところで問題点がちがってくるんですね。

就学時検診の時には一体何が必要であって、そこで発見された場合、発達障害の子どもたちがどうしたらいいのかということを明らかにしているところは、ほとんどないです。日本中全部調べましたけれど。

その専門が東大医学部の平岩先生ですので、東大医学部の先生と私たちと一緒に、集中的に何が必要なのか、どんなことが必要なのかということをやっています。

あるいはまた、その発達の途上の中で、今まで知らなかったいろんなことが出てきます。

ひとつは、視覚情報。目から入る情報が何か違うというのが、川端眼科から発信されています。見え方が違うみたいなんです。

「く」というのは、普通私たちは「く」と折れて見えますけれども、それがいくつも重なって見えているみたいなんです。入力情報の仕方が違ってくる。だから、見えなかったり、書けなかったり、写せなかったりする。

川端ドクターから、そのように聞いています。

東京に翔和学園というのがあって、アスペルガー他そういった子たちを一度に30名くらい教えている学校、高校生・大学生を教えている学園があります。ものの見事に自立させて卒業させていくという学園です。その翔和学園の先生方に聞きますと、今言った視覚情報のとらえ方というのは、発達障害の子らのほぼ100パーセントだそうです。

それを私たち教師は、普通の例えば1・2だとか0・5だとか見えるかどうかで判断しています。そうではなくて、実際は違って見える、それについては川端ドクターと一緒に研究を進めております。

そういったことは、県全体で必要なことです。例えば、熊本県の場合では、県全体の医療の責任者である石田ドクターと議会の先生方と県教委の先生方と私たちと一緒になって研究を進め、学校全体としてどうしていかなければいけないのか、それが学級崩壊を救ったり、学校崩壊を救ったり、いわば荒れている学級を救うという、きわめて重要だということでやっております。

つい先日、私、長野県に行きまして長野県の阿部知事と対談しました。

長野県の阿部知事は、私に対して「向山先生、長野県の教育を根底からちゃんとするために力を貸してください」と、言われました。そして、知事部局の人たちと、今一緒に取り組んでいるところです。

私たちがかつて今言ったような知識がなくて、怒鳴って叱って育ててしまった。怒鳴って叱るというのは一番いけないわけですからね。怒鳴っていいことはひとつもないと杉山ドクターほかそれぞれのドクターが言っています。叱って何度説教しても、何も起こってこない。みんな反対して反抗して、そのようになっていく。

基本的には、教えてほめる。それも1時間の授業の中で何回もほめる。

そういったことができなくて、卒業させてしまって、今、親御さんが家にいて、「この子を置いて、残して死ねない。どうしたらいいのか」といったケースが何十万といるのです。その中の責任の一端は、私たち教師にあったんだろうと思います。相当な部分。

そういった知見がなかったために。そういったことをするためにはどうしたって各都道府県だとか市だとかの行政と一緒の研究会が必要で、その統括しているのは総務省ですから、私は一昨日総務省のその最高責任者の局長が私たちの研究会の中央事務局に来て、一緒に検討会をやりました。40人くらいです。一体、各町、各市町村でどのようなことが必要なのか。その人たちを就労させたり、親御さんにはどんな支援が必要なのかということを。その中心には教師がなれる。というふうに私は思うんです。いろんな立場、それぞれの町にそれぞれの村のことを、地域のことを考えるさまざまな人たちがいて、いろいろな先生方の中にも何とかしていきたいと思う人がいる。そんな人たちと一緒に子どもたちをあるいは卒業後も何とかしていく仕組みを作っていくということが、とても大事だというふうに思っております。

その長野県の知事さんの話の中で、長野県の小学校の6年生がすべての先生方にという冊子を書きました。それがすごい強烈なのです。ちょっと前におこなわれた筑波の国際会議場で、私が会長をしている日本教育技術学会に、全国から1000名ほどの先生方が集まってこられたのですが、そこでその一部を読みました。

例えば、「顔の表情や身ぶりで何かを伝えようと先生はされますが、ぼくにはさっぱりわかりません。ちゃんと言葉で伝えてください。それならわかる」

「あなたは6年生なんだから、自分で考えて行動しなさい、と言われる。何をすればいいのかわからなくなって、私はパニックになり混乱します」

「音楽を聴いて、どんな感じですかと聞かれ、パニックになります。このようなことをする時には、音楽を聴いてこれは情熱的だとか、これは暖かい感じがするだとか、これは悲しい感じがするだとか、そういったことを教えた上で、これはどれですか。ならわかる」。つまり、そういった一つ一つのことを教えられてならわかるけれど、抽象的に言ったり、自分で考えたりしなさいと言えば言うほどわからなくなるんです。

もうひとつ特徴がございますよね。例えば1年生2年生3年生でよくあるでしょ。みなさん、算数の教科書を出して、25ページの3番をやりなさいね、というとすぐに、子どもの中から、センセイなにやるんですかという子がいますね。多分100パーセントじゃないですか。優しい先生はもう1回いいます。教科書を出してね、25ページの3番をやるんですよ。2回目、言った瞬間に、また何やるんですか。

これは先ほど言った頭の構造ですけれども、短期記憶、ワーキングメモリー、普通の人は7つか8つなら入ります。電話番号なら、一瞬なら覚えられるでしょ。例えば、私の家の電話番号は349の2611(仮)、349の2611。2~3秒覚えられるでしょう。これが覚えられないんです。8つのうち1つしか入らない。だから、ひとつひとつ区切ってやればわかるんです。何度も言う必要はないんです。リズムよく淡々とやっていけばいい。だから、なが――いお話しても全然わからない。3つも4つも5つも、ましてやお説教が長かったり説明が長いと、全然入っていかない。

彼らの特性を知っていれば、子どもたちは先生の言っていることがわかって授業もわかる。そういったことが最近わかってきて、その子についての勉強が必要だ。この龍馬君が書いたっていう本ですが、1冊500円原価で、発刊してわずか20日間で3万何千冊と出ました。この内容について、長野県の阿部知事は750名の県の職員の中で、このことを説明して、この子の訴えができる人がほしいと言われました。

福島県のある地域では、その村全部の小中学校の先生方がご購入されて研究をされたようです。多分、小学生が先生方に向けて発信したのは、世界で初めてだと思います。ドクターとは違います。すごく勉強になって、そうだったのかということがあります。ですから、見ていただけたらと思います。

さて、先生方の授業を見て、すごく懐かしかったのですが、若い先生、いいなと思いました。

私に弟がいるんですが、弟の研究授業を若いときに、彼が新卒の頃見に行きました。その研究協議会に出まして講評しました。周りの人は兄弟って分かりませんから。なんて下手な授業、へったくそだと弟を酷評したんです。その学校の先生にカンカンになって怒られましたけれども。すごいきつかったですが、でもこのように言われた人間でも、その後、東京都の教育委員会の主任指導主事になりまして、現在、全国連合小学校長会の会長をやっておりますけれども。全連小の会長もできて、多少あいつの言うことも正しいかなという面も思うわけです。

若い先生方がいろいろなところでお勉強したり、辛口なことをやりたいっていうのもいいでしょう、でも成長の余地ってたくさんあるんで、この学校の先生のことを見ながら、公開発表を見て、必死というのでしょうか、一生懸命やってる姿がとっても素晴らしいなと思いました。

谷先生のまとめのお話

目の見え方というのはきわめて重要な問題で、先生方が学校でやる視力検査では何も分からないのですよ。視力検査で目の良い悪いというのを見ても、そのことと向山先生が話された視力検査というのは片目ずつ測りますね。あれ、どうして片目ずつ測るんでしょうね。だって、片目でものを見る人はいません。両目でどう見えるのかというのを問題にしなければ、それは分かりません。

それから、遠いところが見えるかどうかしかみませんね。けれども、子どもたちの中には近くが見えない子どもがいるのです。従って、黒板を見て、ノートを見るというのは混乱します。当然、遠くを見て近くを見るのですから。近くを見るテストをせず、それだけで何かが分かったと思うのは大きな間違いで、そのことを診ることのできるお医者さんにつなぐ必要があります。でも、どの子もどの子もつなぐ訳にはいかないので、どの子の時がもしかしておかしいのではないかということを、教師は見てとることが必要になります。先生方のクラスの中に、子どもたちの中に、例えばですね、しばしばまぶしそうな目をする子はいませんか（目をしばたいて見せて）。このように。それが、しょっちゅうある場合にはその子はチェックしておかなくてはなりませんし、少しはでなくらい、何といいましょうか、こう極端に斜めから見る子はいませんか。ものを見るとき、ノートを見るとき、（のぞき込むように）こうやって見る子、いませんか。その子もおかしいですし、それから片目をつぶろうとする子はいませんか。文章を読むとき、こうやって片目をつぶろうという子、これも、両目で見るのが苦手である可能性があります。

また、何かものをなぞらせる時に、例えば、×（ばってん）をなぞらせる時ですね、普通は斜め、斜めとなぞりますよね、これをVVとなぞる子はいませんか。何か不思議ななぞり方をする子。この子も、他の子と物の見え方が違っている可能性がありますよね。

そういったことを、私たちは医者ではないから、診断はできませんけれども、ごく簡単な観点を持っているだけで、専門家につないでいくことができる。専門家につなぐことができただけで激変するわけですから、合った眼鏡をかけるだけで、うそのように症状がなくなってしまう。ＡＤＨＤというのはうそだった。これまでの人生は何だったのかと言いましたよ。眼鏡を作ってもらった子どもが。僕のこれまでの人生を返して、という状態になるのです。そのことをみてとる大人が近くにいなかったということは、きわめて不幸なことですよね。

それと全く同じことが就学時検診、先ほどの平岩ドクターのお話の中からも同じことが言えまして、例えば、就学時検診でお医者さんと連携するということはもちろんきわめて重要で、専門家でしか診ることができない内容があります。ありますけれども、教師として長くその子と一緒にいられるわけですから、待合室でも一緒にいられますし、就学時検診の後入ってくればずっと子どもたちと一緒に暮らすわけですから、当然、見る時サインがあるわけですよね。

例えば何を見ればわかりますか。

就学時検診その前後、その子どもたちのどこかに、この子の何か発達の凸凹があるのではないかということを発見するには、何を見ればいいですか。

そういうことを、校内の中で、項目を挙げてこの5つくらいは入学してから1ヶ月の間に見ましょうね、ということを申し合わせていますか、先生方の学校で。それを申し合わせていなければ、当然発見は遅れるわけです。共通の物差しで見ていかなければ。

例えばジャンケンですね。ジャンケンができないという子どもは5歳を越えると激減します。したがって、ジャンケンの勝ち負けが分からないという子どもは、当然チェックする必要があります。

ジャンケンをさせた時に、グー・チョキ・パーが上手にできない子どももいますね、ジャンケンポンで（チョキとパーの間のような）こんな形になっちゃう子どももいますね。これも微細運動障害等のことが疑われるわけですから、それもジャンケンしながら見ることができるわけです。ジャンケンをさせながらです。

しりとりで遊ぼうか、しりとり遊びができなければそれはＬＤの可能性もあるわけですので、当然何回かそうして遊んでみる必要がありますね。

これ見てごらんっていうと普通見ますよね。見てごらんと言わなくてもいいですよ。こうやってにこーっとその子と目を合わせて、こうやって人差し指を出すと見ますでしょ。それを見ない子どもね。

次に、にこーと笑いながらこうやって指出すと見ますよね。それから先生が上を見ると、（子どもは）普通上を見るんですよ。わかります？　指さしている方向を先生が見ると子どもも一緒に見ます。これを、先生が上を見たのに上を見ない子どもは、これは先生の視線に気がついていない。つまり、共同注視といって、お母さんが見るものを一緒に見ない、お子さんの中に時々あるんですね。

今、申し上げたような項目を先生が知っているのと知らないのとでは、まったく違いましょう。ごく簡単なことですけれどもそういったことについて、私はもちろん素人ですから当然そのことをお医者さんにも相談をし、こういった項目について何かある時にはご報告した方がよろしいでしょうかということをやっていく必要がありますね。

入学してしばらくたったとしましょう。2年生なり3年生になったとしましょう。

その時点で、1年生2年生3年生の時点でADHDが疑われるお子さんには、3つの特徴があります。それをご存じですか。

大変有名なお話です。

これはお茶の水にある瀬川小児神経学クリニックというところのお医者さんがその3つをチェックし、尚かつこの3つを練習させていて、その3つが直るとADHDも治る、とまで言われている。不思議ですね。もちろん大げさな言い方ではありますけれども。

ひとつは、目の前で人差し指と人差し指を合わせる。

Column

市教育長からの電話

市教育長からの電話

「阪部校長先生、元気でやっていますか。保護者からのクレームなど大変なことと思います」

「先生方も参ってるんじゃないですか。私も長い教師生活でいろんな事がありました。次のようなことを言ったこともありました。最後は俺が責任持つ。思うようにやれ。先生方の力になったかどうかは知らんけれど、そんなことを言ってみるのも、いいと思うよ」

その意を受けて、苦労をかけている先生方にむけて、一席ぶちました。

撃鉄を起こしてくださった教育長には本当に感謝しております。

やってみてください。みなさん。目の前で人差し指と人差し指を合わせる。合いましたか。よかったですね。別に合わなくてもいいんです。これをよく練習して、よく練習して、すっと合うようになると、これだけでADHDの傾向が改善されるというのです。うそみたいな本当の話です。瀬川クリニックではみんなこうして指と指、みんなこうして練習しています。

もうひとつは、両方の手を、このように、ギンギンギラギラみたいに動かす。お星様キラキラみたいにね。これできますか。子どもたちにやらせてみてください。できない子ども、いますよ。これができない子どももADHDが疑われますし、できるようになるとこれは改善します。

もうひとつ、10メートルくらい、まっすぐ歩く。歩こうねっと言ってまっすぐ歩かせるのです。ADHDの子はまっすぐ歩けません。これもまっすぐ歩く練習をし、歩けるようになると改善をしていきます。

もちろん、他にもいくつかポイントがありまして、向山洋一先生が提唱された有名なケンパーケンパー、これを協応動作っていいますけれども、1年生の子どもにケンパーケンパーとさせるとできない子ども、たくさんいますよ。やらせてみましたか。1年生の体育では必須です。必ずやらせてみて、どの子がケンパーケンパー苦手なのか。非常にたくさんの子どもが苦手ですよ。でもこれは練習していくとすぐ克服できる子どもがいます。だけども、ずっとできない子どももいます。そういった子どもには、また別途な手立てが必要になる、というふうに思います。

今言った項目について、0歳から22歳まですべてにポイントがあります。

私たちはこういったことを研究し、持ち寄ってレポート集にもまとめていますので、またそういった勉強を一緒にやっていきたいという方は全国でつながりを持って情報を交流し、子どもたちが少しでも豊かで幸せで生き甲斐を持った生活ができるように、力を尽くしていきたいと思います。以上で終わります。ご静聴ありがとうございました。

4　懇親会での挑戦状

山の辺小学校自主公開授業発表会に参加くださった先生方への挑戦状を刷って手渡した。

次の（　）に入る言葉や文は何か。また、それぞれの問いに答えよ。

第一問　私は学校へはだいたい（　　　　　　）をしにいくようなものだった。（斎藤喜博）

第二問　赴任して私が学校ですぐやった仕事は（　　　　　　）。（斎藤喜博）

第三問　表に現れていない（　　　）のようなものを、それぞれの先生が持っているのだから、それを掘り出せばよいのだと思った。それが私（斎藤）の役目なのだと思った。

第四問　斎藤校長がしたことは次のどれか。○をつけよ。○はいくつで、どれか。

ア、授業に行ったあと、出しっぱなしの職員室の椅子を机の下に入れる。

イ、逆に閉めてある戸棚を正しく閉めなおす。

ウ、市長や教育委員が入ってとっていた卒業写真から、市長や教育委員に連絡なしに、不在のまま撮る。

エ、郵便局の子ども貯金を止める。

オ、コンクールの依頼を断る。

カ、バザーを断る。

第五問　これは校長の仕事か？

　設備充実のために骨を折る。朝礼で児童に話をする。会議であいさつする。認印を押す。

　こういうことに、わたし（斎藤）は、（　　　）がない。


そして、いよいよ試金石の問題。「放課後の孤独な作業」『教師修業十年』向山洋一よりの出題です。

これができないと言うことは許されませんぞ。


第六問　ぼくは玄人の腕はどれほど資質のある素人でも真似られないと考えていた。

　素人が真似できないからこそ、玄人の誇りがあると考えていた。

　素人の力はしょせん（　　　）であり（　　　）にすぎないのである。

　玄人の力は長い間にわたる修行の結果なのである。

　アマの力は（　　　）であり、プロの力は（　　　）なのである。


答えを見るまでに、一度解いてくださいよ。

解答編
第一問（おしゃべり）
第二問（不用になった釘をぬくことと、張紙退治とであった）
第三問（砂金）
第四問　ア・イ・ウ・エ・オ・カのすべてに○。６つ。

第五問　（興味）

第六問　ぼくは玄人の腕はどれほど資質のある素人でも真似られないと考えていた。

素人が真似できないからこそ、玄人の誇りがあると考えていた。

素人の力はしょせん（持ち味）であり（器用さ）にすぎないのである。

玄人の力は長い間にわたる修業の結果なのである。

アマの力は（器用さ）であり、プロの力は（技術）なのである。

第六章

夢のあとさき

現場はいつも面白い

1　もしも　その（1）

もしも、旭屋書店で向山洋一著『斎藤喜博を追って』を手にとっていなければ、
もしも、26年前、向山洋一先生に会っていなければ、
もしも、第2回教育技術二〇代講座に参加しなかったら、
もしも、その時に奈良から西川好広先生の参加がなかったら、
もしも、法則化「飛火野サークル」を作っていなかったら、
もしも、サークルに故辻貞三先生が顔を見せてくださらなければ、
もしも、同じ学校に吉澤先生が居られなかったら、
「教育技術法則化運動　向山洋一講演会」は佐保小学校で実現していなかったでしょう。

2　もしも　その（2）

もしも、吉永順一元校長先生に来ていただかなかったら、
もしも、梶野修次郎先生が、山の辺小学校に来てくれなかったら、
もしも、児童養護施設長さんが中島道治氏でなかったら、
もしも、教育長さん、教育委員長さん、教育委員さんが別の方だったとしたら、
もしも、人権推進教員が別の先生だったら、

もしも、教頭先生が別の方だったら、
もしも、ＰＴＡ会長が菅野豊盛さん、そして上田博章さんでなかったら、
もしも、区長会長が浦西豊さんでなかったら、
もしも、杉谷英広先生が奈良ＴＯＳＳ担当でなかったら、
もしも、教育技術学会の懇親会で梶野先生が対人恐怖症の私を杉谷先生のところに引っぱっていってくれなければ、
もしも、杉谷先生が引っ込み思案の私を向山先生のところに連れて行ってくれなければ、
もしも、教育技術学会の懇親会で杉谷先生が私を谷先生のところに連れて行ってくださらなければ、
もしも、2月10日。向山先生にも谷先生にも松藤先生にも既に予定が入っていたとしたら、
もしも、松藤司先生に一年間、山の辺小学校にきていただけていなければ、
もしも、モンスターペアレントが山の辺小学校に跳梁していなかったとしたら、
もしも、菅、小南、北、杉、松山、松嶋、小中、吉原、栄、藤、大北、畑山、松岡、竹林、片倉各先生方が山の辺小の先生でなかったとしたら、
もしも、事務の方々が別の方だったら、
もしも、業務員さんが別の方だったとしたら、
「山の辺小学校自主公開授業発表会」は実現していなかったでしょう。

3　緊迫　いよいよモンスターとの直接対決

「教育」に恥じないように行動しましょうと、先生方に語りかけた。


今、モンスターペアレントを抱える学級から報告いただいた。

現状を改善するためなら、私はどんなことでもします。

しかし、です。

しかし、「教育」とは何なのかが問われます。

「教育」を先生方はどのように考えておられるのでしょう。

モンスターペアレントの要望が、その「教育」をゆがめ、変質させ、傾けさせるような要望であるならば、決して受け入れないでください。どれだけの風圧があろうともです。

「教育」の名に恥じない行動をしてください。

要求を拒否したことによっていかなる事態になろうとも、私が責任をとります。

場面によっては、先生の前に立って楯になることができないかも知れません。

しかし、必ず、先生の横にあるいは後ろに私がついています。

そして、しかるべき時には、必ず先生の前面に立ちます。

いよいよ、モンスターとの対決

ペアレンツ父母2名と児童2名。(児童2名は別室へ)

市教育委員会から3名。

児童相談所から2名。

学校からは私1名。

場所は市役所の会議室。詳しい内容は略。

四角く作られた机配置の正面にモンスターたちがいた。父親は隣りにちょこんとおられた。

私は、次の記述のとおりを実践した。


波多野里望氏は、かつて山手線でやくざにからまれたとき、一歩もひるまなかった。

舘野氏がハラハラ見守る中、にらみあいはずっと続いた。

やがて、ヤクザの方が、「捨てゼリフ」を言って下車していった。

大学の教授が、ケンカでヤクザをひっこませたのである。

その時の里望先生のことば。

「相手の目をにらんでいるんだ。ただし、一瞬でも動かしたら負けだ。

そのためには、片方の目だけをにらむんだ。両方にらむと、ぶれる時がある」

気力の戦いに教師はうしろを見せてはならない。

『向山洋一全集75』85〜86ページ

会合中、ずっと彼女の右目だけを見ていました。距離にして4〜5メートルでしょうか。

「一度も家庭訪問してもらっていない」などと言っていました。

ざっと100回は行っています、と返答しました。（父親が横から、小声で）「前に来てもらってるがな」

私は教え通り右目しか見ません。彼女は時折目をそらします。そのたびにこちらはより冷静になります。

「かわいそうになあ」という気持ちも湧いてきます。

心に余裕を持ちながら会合を終えました。

4　二度の胴上げ

一度目の胴上げ

2学期の最終日、平成22年12月22日（水）。終業式も終え、あとは締めくくりの忘年会だけとなった。その日の予定は、「18：00から、奈良市柏木町の木曽路にて、料理はてっちりで、各自1000円のプレゼントを持って会場に集うべし」だった。

自主公開授業発表会まであと49日……。しかし、皆の顔には、通知表も渡し終え一仕事終えたという安堵の表情が浮かんでいた。

始まって5分ほどたった頃だろうか、私の携帯に○年2組のナーバスペアレントから電話が入った。

一瞬にして、担任はもちろんのこと、皆の表情が曇った。

担任と人権教育推進教員と校長は、このままではすまないと誰もが思った。

何ヶ月も何ヶ月も、もめにもめている事案がこの場で収まるなどと思った者は誰もいなかった。

きっと「今すぐ来い」と言うに決まっている。

それに備えて、アルコールは入れていない。皆もグラスに手がかからない。座は暗い暗いものになった。

座を外して電話を続けた。傍らには思い詰める高倉先生、伊勢先生、前田先生、大南先生ら。

しばらく話して、一転、「終了」となった。全面解決ではないけれど、今夜のところは「終了」ということになった。

「酒や、酒や、酒持ってこい」

もう一人のモンスターについては、今日はかかってこないと計算できる。普段なら備えて飲まない私も、「酒持ってこい」になった。

飲むわ、飲むわ。飲ますわ、飲ますわ。

そのうちに、6年の淀川先生が「公開授業します」と言い出した。

先ほどの高倉先生までもが「僕もします」と言い出した。

池波先生が「校長先生、謀りましたね」などと言っていた。そんなはずがなかろうに。

しこたまのお酒をいただき、プレゼント交換の品物を持って、店の外に出た。

酔った勢いだろうか、男どもを中心にわーっと寄ってきた。

それー。私は何故か寒い夜空に舞っていた。

二度目の胴上げ

退職まであと7日を残すのみとなった平成23年3月24日(金)。

自主公開授業発表会も終わり、卒業式も終了式も終え、この1年をねぎらうご苦労さんの宴だった。会場はホテル日航奈良。

前日のお昼には、右記のナーバスペアレントとは別のモンスターの件で保護者と話し合い、結論を出していた。

先生方は内示も終わっていて、ほんとに1年間の締めくくりの打ち上げだった。

私は会場に入る前に、別室で赤いガウンを着せられた。

「猪木ボンバイエ」が流れている会場に入り、「ゲンキデスカ」とか言わされた。

前触れもなく、EXILEの「真夏の果実」が流れる中、私の幼い頃の写真がスクリーンに映し出された。

「これまでのご活躍を　ほんの少し　ご紹介」とのテロップにびっくりした。何時の間に。

二十年以上も前教えた子どもたちと並んだ写真、缶積みしている写真、遠足の写真、芋掘り収穫写真、新婚当時の写真、息子たちの写真などなど全41枚が次々に映し出された。

最後の写真は、対モンスターを闘った高倉先生と私との2ショット写真だった。

いつの間にこんな細工をしこんでいたのやら。

これは俺の結婚式か。

「阪部校長先生　山の辺小学校　ご卒業(ご退職)　おめでとうございます」とテロップが流れて『真夏の果

実』が終わった。ああ、これは俺の卒業式なんだ。

教頭先生が前に出て、手紙を取り出し、読み始めた。

私の妻からだった。便箋に4枚も書いてあった。

皆さんへのお礼と共に、こんなくだりもあった。

「彼が向山洋一氏の法則化運動の会合に初めて参加したのは、たぶん結婚して2〜3年目だったと記憶しています。すごい衝撃を受け、興奮状態でした。その時、一緒に参加した西川先生とサークル飛火野をたちあげました。西川先生はよくうちに来て、二人で夜遅くまで話していました。そのうち各地の先生方が家に来られて、それはもうにぎやかでした。教育への熱い思いが語られていました」

こそばゆい時間帯だった。

高倉先生がマイクを持った。深夜に及んだ保護者会の話をし出した。彼が一番苦しいとき、職員全員が残って保護者会に臨んだ。

「仲間が苦しんでいるときに、応援しないで何時応援するのですか。全員が保護者会に出るべきだ」

人権推進教員の伊勢先生の檄に応えて、その保護者会に出られる者は全員が出席してくれたのだった。

一緒に対モンスターを闘った、残って立ち向かってくれた皆さんに向かって、心からのお礼を述べていた。

校長先生、感謝しています。そんなことを言う彼の姿はといえば、頭から足先まで顔も覆った全身黒ずくめのショッカーの出で立ちだった。頭には、せんとくんのような鹿の角をかぶっていた。

言ってる内容と出で立ちが妙なコントラストだった。

「笑うな」と言いながら、みんなで泣き笑いをした。

彼は大きな声で「皆さんは、わたしのポンヨーだあ」（本当のともだちの意だとか）などと叫んでいた。

紙製の王冠をかぶせてもらったり、寄せ書きや大きな紙製のメダルなどをもらいながら、胴上げされ、私の卒業式は終わった。まばゆいシャンデリアに当たりそうだった。

5　発表会その後余話

「ＴＯＳＳは嫌いです。何か違うのです」とA先生は会議のたびに言っていた。

彼は毎日毎日その日の学級の戦略を綿密に立てて授業に臨んでいた。休み時間についても絶えず気を配り、自学級だけでなしに、学校全体の子どもたちの動きも細かいところまで見てくれていた。学級通信は、１日も欠かさず出していた。そんな姿を見て、私とＴＯＳＳ大和の梶野先生は「あの下ごしらえや気の配りよう、教材研究などは、ＴＯＳＳ本流そのままですよね」と言い合っていた。本人にもそのことは折に触れて伝えたが、あまりいい気はしないようであった。

彼は、「谷先生や松藤先生はどのクラスで授業していただくか」を話し合っている時、こんなことも言っていた。

「校長先生わかってますか。２月10日は壊れているかも知れません。私が育てたクラスを、いつ壊れるかもしれないこの我がクラスを他人の先生に授業してもらう訳にはいかない。それなら、私が、授業が成立しないとしても、私が公開授業をやる」

好まないこの会で授業はしない。また、他人に教室は貸さないと、仁王立ちになっていた彼。その後「する」に変わる。その彼は私への寄せ書きで次のように書いた。

「6年間（前の学校の分も合わせて）、本当にありがとうございました。校長先生からは多くのものを学ばせていただきました。公開授業もやってよかったです。これからもお元気で」

B先生は今までに出会ったことのないナーバスペアレントに翻弄され続けた。ついには「校長先生、もう教師を続けていくことができません。私を担任から外してください。私には担任の資格が……」と悲痛な声を上げていた。職員の誰もが、「彼に教師の資格が云々《うんぬん》ならば、ここにいる私たち全員が不適格だ」とつぶやいていた。彼は土俵際で頑張り続けた。

彼は、公開授業についての職員会議後、トイレで会った時、「校長先生、僕はゼーーーッタイしませんから」と言っていた（が、しかし、まだまだナーバスペアレントの件は解決に至っていないにもかかわらず、彼は公開授業をすることに決めたのだった）。

その彼は私への寄せ書きで次のように書いた。

「阪部先生は我が盟友《ボンヨウ》です。ほんとにほんとにありがとうございました。そして長い間おつかれ様でした」

C先生は公開授業そのものに強硬に反対していた。しかし、当日は松藤先生に学級を提供し、分科会を取り仕切ったのだった。

彼女はこう書いた。

「校長先生、4年間本当に御苦労様でした。そして大変お世話になりました。山小で数々の変革をされた熱意とパワーにいつも驚かされると共に励まされました」

どれもこれも嬉しい内容だった。

6　澤田好男先生と授業対決

今から11年も前のことである。

奈良の澤田好男先生から電話があった。

「阪部先生、授業してくれませんか。私との対決です。イヤならいいですよ」

生駒台小学校でささやかな授業対決をした。4年生。研究主題は討論。

先手、3限に澤田先生が「はばたき」の授業だった。

後手、4限に私は「川柳」の授業をした。

冷凍魚《れいとうぎょ》アッとさけんだままの顔　　岩田三和

主発問「アッと叫んでいるのは誰ですか」

意見は真っ二つに分かれた。

お母さんだという意見と冷凍魚だという意見であった。

「まま」はママのことだと言うのであった。

面白かったなあ。

知ってるかアハハと手品やめにする

椙元《すぎもと》紋太

私は、今、まさに手品を披露しようとしています。

主発問「わたしは、この手品の仕掛けを知っているのですか」

これは、どうも難しいらしかった。

知っているという意見の子も、知らないのだという子も、どちらも説得するのが難しいようだった。

最後は私の説明で終えた。ああ無情。

澤田先生と私との授業対決の結果、どっちが勝ったかって、2段と25級だぜ。格が違うよ。

当時、私は教頭。このレベル差を物ともせず、挑んだ自分を褒めたいと思う。

11年も前の出来事である。

7　学校だより3題

ずるい、インチキ

4月始業式のお話。

新しくスタートするにあたり、どうしても言いたいことがあります。

このハンカチをとなりのテーブルに移します。

と言って、両手の手のひらをかざして、グウうっと気合いをかけました。

動きません。

もう一度、手のひらをかざして、まずは浮かせようとします。

浮きません。

フーっと息を吸い込み、吐きます。「動きませんね」

深呼吸してから挑戦します。

少し、動いたかな。いやいや、動きません。

黄色いハンカチのてっぺんから、となりのテーブルまで指先でもって透明の糸がひかれているような動作をしてから、挑戦してみます。

「チョーノーリョク、みんなの力を貸してください」

グウウ　ウウウ　グウう～　それでも動きません。

動きませんね。でもね。よーく見ておいてください。動くんですよ。いいですか。

と言っておいて、(間をおいて)、ヒョイとハンカチの頭をつかんで、となりのテーブルに移しました。

「ずるい」

「インチキ」


ハンカチをとなりのテーブルに移すのに超能力やみんなの力なんて要らないのです。

ただ自分が、他の誰でもない自分が、行動しさえすれば動くのです。

超能力？　みんなの力？　関係ありません。

そんなのを借りたって、自分が動かそうとしなければ、1センチだって、1ミリだって動きゃせんのです。

新しい担任の先生は「みんなを賢くします」と言ってくださるかもしれません。でも、自分が賢くなるぞと思い、そのように行動しなければ、何も変わりません。1センチだって、1ミリだって動かんのです。

スタートにあたり、自分自身が動くようにしましょうというお話をしました。

体が、脳のやる気を引っ張り出す

2学期始業式でのお話。

校長先生はこの夏、脳・脳みそ・脳について、いっぱい勉強し、本もいっぱい読みました。その中に、「やる気」についての記述がありました。

この世には、何に対してもやる気のある人、もうそれはそれは、どの場面でもやる気のある人って、いるように見えるでしょ。

でもね、そんな人っていないんだよ。

朝起きてすぐ、頑張るぞお。毎日がそんな人って、いないんだよ。

あと10分眠っていたいよお。が普通。

では、やる気はどうすれば出るのでしょう。

大雑把に2つ。

ひとつは、ほうび。

これこれしたら褒美がある、そうなるとやる気がでる。

物でなくていいんですよ。

先生の笑顔、頭をなでてもらう、ありがとうと言われる。

このように、褒美がもらえる時、というのがひとつ目。

あとひとつは。

「実際に体を動かしてみること」

実際に体を動かしてみること。……実際に体を動かしてみること。……舞台の袖の方にうろうろしながら。実際に体を動かして……えーーっと。ここにあると……これは本。これだこれだ。あった、「激落ち君」。

〝やる気を出す〞のふたつ目は「実際に体を動かしてみること」です。

（カビ取り剤の「激落ち君」を手に持って）先日、校長先生は日曜日、お風呂の掃除をしました。黒いカビが気になっていたのです。そこで、この「激落ち君」を探して、こすり始めました。

先生はやる気があったと思う人？（低学年中心に結構手が上がる）

先生にやる気なんかないよ。風呂場、冷房効いてるか？　効いてないでしょ。暑いよ。面倒だよ。やる気なんかないよ。汗でドボッドボだよ。

でもね、この黒いカビめ。ごしごしごし。とれないなあ。ごしごし。とれた。よし、もうひとつ。ごしごし。

だんだんやる気が出てくるんだ。

「実際に体を動かしてみること」なんだ。

はじめっからやる気のある人っていないよ。

汗でドボドボなって、でも何だか楽しくなって、夢中になって、やったね。気持ちいいね。体が脳のやる気を引っ張り出すんだ（脳が、じゃないよ）。

何でも一緒だよ。

ピアノ。今日はピアノの練習ヤダ！　そんな日もあるんだ。水泳だって。空手だって。もう今日はカラテの練習やる気ない、そんな時でも、道着を探して、手にとって、袖を通して、帯を締めるとやる気のスイッチが入るんだ。

北島康介だって、宮里藍だって、きょうはやる気がしないというとき、あるんだ。錦織圭だって。

どっちがいいんだ。道着を手に取るか取らないかだよ。

取れば、面白くなってやる気でできる。

取らなきゃ、くすんだまま。

やる気でやってれば、先生、応援しちゃう。友達ほめてくれるかも。おうちの人も頑張ってるねって言ってくれるかも。

「実際に体を動かしてみること」

鉛筆を探す。手に取る。ノートを開く。何か書いてみる。面白い模様が描けた。やる気になってどんどん描いてみた。そのまま、デザイナーの道へ。とか。

やりたい時だけ真剣にガアーッてやる。やる気のない時は、全くやんない。それじゃあ、長続きしないよ。大きくなれないさ。

2学期、やる気をつくりだして、楽しくやりましょうね。

以上。お話終わります。

姿勢を正して。礼。

天国と地獄の話

3学期始業式でのお話。

天国と地獄の話をします。

地獄といっても、「お腹がすいた。お腹が空《す》いたよお」という地獄のことです。

地獄の様子を見てみます。

お腹が空くくらいですから、食べるものがないのかと言えば、そんなことはありません。テーブルにはご馳《ち》走《そう》が並んでいます。お菓子も果物もご飯もパンもあるのです。

そこには、ルールがあります。手づかみで食べない。口を近づけて犬食いはいけません。刺して放って食べるのもいけません。

それぞれに箸《はし》が渡されます。校長先生が持ってきたのは90センチの棒ですが、渡される箸の長さは1メートルです。食べようとつまんで口に運びますが、もうちょっとのところで食べることができません。

ほら、食べることができないのですよ。

ごちそうを目の前にして、みんなお腹が空いた、お腹が空いたと嘆いているのです。

今度は、天国の様子を見てみます。

天国にも同じくテーブルにご馳走が並んでいます。

ルールも同じです。手づかみで食べてはいけません。

わかった。渡される箸は短いのだ、と思うかもしれませんが、そんなことはありません。同じように1メートルの箸が渡されます。やはり、もうちょっとのところで食べることができません。

では、どうして天国では「お腹が空いた」とはならないのでしょうか。

わかった人！　いそうですね。そうなのです。

箸でご馳走をとって、お隣の人に食べさせてあげるのです。

左のお隣さんにも「どうぞ」って食べてもらうのです。

後ろの人にも「どうぞ」って。

自分はどうするのかな。そうです。「それ、お願いできますか」って言って、食べさせてもらうのです。「あっ。葡萄《ぶどう》お願いします」「皮ついたまま。いいですそれで」「ああ美味しい」

みんなニコニコになります。

これが天国のようすです。


人はひとりで生きてんじゃないんだ。

助け合って、いい3学期にしましょう。

あとがき

教職を志した先生方に、今はどうも不人気であるらしい「校長」になっていただきたくて、楽しいですよっていうことを書きたかったのです。校長になったならば、自主公開授業を開いてもらいたいなあと思い、細かいことも書きました。きっと、参考にはなると思います。

「こうちょう、こうちょう、絶好調」と言われて喜んでばかりもいられません。

ひとつは、虐待等からくる反応性愛着障害の子どもたちの問題です。

谷和樹先生・松藤司先生が提示くださった授業や向山先生のお話の中に、対応のヒントは随所に見られると思うのです。谷授業に登場するH君らや松藤授業に登場するT君、N君は明らかに反応性愛着障害の様相です。

ここでみられる対応のヒントをお互いしっかり学びましょう。

もうひとつは今流行の「モンスターペアレンツ」です。

もうすぐ、TOSS教職員賠償責任保険の中井光弁護士が退治してくださいますが、その威力をしらないモンスターは、まだまだ跳梁跋扈することでしょう。

そんなのに負けない校長先生になっていただきたいので、対応心得も入れました。

しっかり先生方を守っていただきたい。

先生方は「初期対応」ですぞ。

「初期対応」は大雑把に言うと、次の２つですぞ。

①丁寧に丁寧に、聞いて聞いて聞いて、言い訳せずに聞くこと。

不満を持つことは悪いことではありません。本当は良いことなのです。進歩発展への起爆剤です。

②管理職に知らせる。聞いた要望は、すぐにとにかく管理職に報告すること。校長・教頭が好きとか嫌いとかとは別です。

大方は、正当な試練です。

しっかり聞いて、教師として成長していきましょう。初期対応を怠って、モンスターにしてしまわないようにしましょう。子どもたちの笑顔が待っていますよ。

本書への取っ掛かりをつけてくださったＴＯＳＳ学校づくり研究会顧問舘野健三氏に感謝いたします。

本書をまとめるようすすめてくださったＴＯＳＳ代表向山洋一氏に感謝いたします。

平成23年11月15日

阪部　保

「教育を伝えるシリーズ」について

学芸みらい社は、「学問」「芸術」「教育」「創作」をはじめ「人生そのもの」までも、未来に向けて伝えていくことを使命とする出版社として出発しました。

とりわけ「人を育てる」という教育の世界においては、教師経験者たちの「教育への熱意や志」、また「優れた教育実践や貴重な経験」、そして「何十年にわたる教師人生の足跡」という財産を、一冊の本という形にして伝えていくことはこの上なく大切なことと信じます。この「教育を伝えるシリーズ」に、一人でも多くの教育実践者たちのご参加をいただき、教育界に残すべき大切な「財産」を、次に続く教師たちのために、そしてまたご自身のために、末永く伝えていかれますことを願ってやみません。

本シリーズ参加に関心のある方がたからのご連絡を、心よりお待ちしています。

学芸みらい社（連絡先：下記）

向《む》こうの山《やま》を仰《あお》ぎ見《み》て　自主公開授業発表会《じしゅこうかいじゅぎょうはっぴょうかい》への道《みち》

2011年11月15日　初版発行

著　者　阪部《さかべ》 保《たもつ》
発行者　青木誠一郎
発行所　株式会社 学芸みらい社
〒162-0833 東京都新宿区箪笥町43番 新神楽坂ビル1F
電話番号 03-5227-1266
http://www.gakugeimirai.com/
E-mail : info@gakugeimirai.com
印刷所・製本所　藤原印刷株式会社
ブックデザイン　荒木香樹

ISBN978-4-905374-03-9 C0037